FILM UND KUNST NACH DEM KINO

Lars Henrik Gass

FILM UND KUNST NACH DEM KINO

SB

INHALT

VORWORT ZUR ERSTAUSGABE

… dans le miroir glacé de l'écran, les spectateurs ne voient présentement rien qui évoque les citoyens respectables d'une démocratie.

(Guy Debord)

Dieses Buch handelt davon, wie dem Film das Kino abhanden kommt. Es handelt vom Niedergang des Kinos als dem Ort, an dem Film ausgewertet wurde, industriell wie künstlerisch, und der den Film zu einer eigenständigen gesellschaftlichen Wahrnehmungsform gemacht hat, die ihn von den Künsten unterschied für die Dauer von ungefähr hundert Jahren. Es handelt daher zugleich von den Filmen, die für einen solchen Ort entstanden sind. Es handelt von Filmen, deren Bilder auf besondere Weise technisch produziert und reproduziert worden sind und deshalb Wahrnehmung auf historisch einzigartige Weise formen. Es handelt aber auch und vor allem von Filmen, die bereits auf eine Wahrnehmungsform jenseits des Kinos verweisen. Der Niedergang des Kinos vollzieht sich nicht allein in einem unmittelbar ökonomischen und mittelbar urbanen Sinne, indem die traditionellen Auswertungsorte und damit die architektonischen Räume von Film verschwinden. Das wäre kaum der Rede wert, denn es entstehen, für einen Markt oder ohne einen Markt, weiter Filme, die jedoch anderswo gezeigt werden. Diese Entwicklung ist auch nicht neu, sie ist spätestens seit den frühen sechziger Jahren unübersehbar. Neu ist, dass der Niedergang des Kinos sich zugleich im Sinne jener Wahrnehmungsform vollzieht, die der Film ganz dem Kino verdankte, dem Kino als einem mentalen Raum, in dem man eine Wirklichkeit nicht mehr betrachtet, reflektiert oder sich vorstellt, sondern, in der Zeit verloren, *zur Wahrnehmung gezwungen* ist. Diese gesellschaftliche Wahrnehmungsform heißt hier verkürzt *Kino*.

Der Niedergang des Kinos vollzieht sich gleichzeitig am Kino und in den Filmen. Das Kino schwindet fast unmerklich aus den Filmen, die aus dem Kino verschwinden. Dieses Buch handelt also von einer gesellschaftlichen Wahrnehmungsform, die einmal durch eine bestimmte historische Verfassung von Kino begründet worden ist. Die technologischen und ökonomischen Gründe dieser Entwicklung, die das Kino als Auswertungshorizont von Film zunehmend in den Hintergrund treten lassen, das veränderte Freizeitverhalten einer Gesellschaft, in der die soziale Verabredung, die mit Kino verbunden ist, immer weniger Relevanz hat, wurden vielfach beschrieben und sollen hier nicht noch einmal diskutiert werden. Der Niedergang des Kinos hat gesellschaftliche Gründe, weil andere Angebote der Freizeitgesellschaft das Kino abzulösen begannen, und technologische, weil die Freizeitgesellschaft sich anderer Mittel zu bedienen begann, die den Zugang zum Film regeln: das Fernsehen, die neuen Datenträger für den privaten Gebrauch: zunächst VHS, dann DVD, das Internet, mobile Endgeräte usw. Im Niedergang des Kinos, dessen manifeste Form die zunächst schrittweise Zerstörung und dann das Verschwinden der Kinos selbst ist, erscheinen nun jedoch Filme, die nicht nur außerhalb des Kinos angeschaut werden, im privaten wie öffentlichen Bereich, vor den Monitoren zu Hause und in Kunstausstellungen, sondern auch in ihrer Erscheinungsform verändert sind und anders wahrgenommen werden. Das Kino war dem Film als Wahrnehmungsform eingeschrieben und der Film einmal der sichtbare Ausdruck des Kinos, das ihn für uns sichtbar machte und darin eine uns unbekannte Welt. Der Film strukturierte gesellschaftliche Erfahrung *durch* das Kino. Die Gebrauchsform des Films, wo und wie er gezeigt wird, die spezifische kulturelle Praxis von Film bestimmen die Weise, wie er gesehen wird.

Niemals entstanden mehr Filme, niemals standen uns dank Internet, DVD usw. mehr Filme zur Verfügung, und niemals haben wir mehr Filme gesehen als heute. Ihre im engeren Sinne ästhetische Bewertung ist nicht Gegenstand des Buches. Gegenstand des Buches ist die Frage, wie Film jenseits des Kinos entsteht, präsentiert und wahrgenommen wird. Das Buch handelt weniger vom »Tod des Kinos« als von der Mutation und Migration der Filme, unter anderem des künstlerischen Films in den Kunstbetrieb, das heißt auch von einer Entwicklung, in deren Verlauf die Auswertung des Films jenseits des Kinos einsetzte, und ihren Folgen für seine spezifische Erscheinungs- und Präsentationsform. Die Anerkennung des Films im Kunstbetrieb findet unter Bedingungen statt, mit denen wir nicht gerechnet haben. Dies schuf für einige wenige Filme und Filmemacher eine unerwartete Anerkennung und eine neue ökonomische Grundlage. Gleichwohl hatte dies auch Folgen für die Art, wie dort Filme entstehen und wie wir Filme dort wahrnehmen. Jede Art institutioneller Logik, also eines Systems von Diskursen und Werten, von Räumen und Techniken, bildet sich in den Filmen, in ihrer Präsentation und ihrer Rezeption notwendigerweise ab; es schreibt uns vor, was wir wahrnehmen, was wir denken.

Daher handelt dieses Buch nicht vom Film als Kunstform unter den Vorzeichen einer philosophischen Ästhetik, sondern von den Bedingungen, unter denen er heute als Kunstform entsteht und sichtbar wird. Dieses Buch ist eine Kritik des mentalen Raums, den wir Kino nennen und der uns gelegentlich Zugang zu einer alternativen Wahrnehmungsform und einem anderen Dasein geboten hat, und vor allem eine Kritik der gesellschaftlichen und ökonomischen, der architektonischen und technischen Bedingungen und Formatierungen – sei es durch Fernsehen, DVD, Internet, Filmfestivals, Ausstellungen oder Museen –, insofern sie unsere Wahrnehmung strukturieren und darüber bestimmen, wie wir gegenwärtig Film sehen und was wir von der Welt wahrnehmen: dies sowohl anhand bestimmter Filme (von Steven Spielberg, Andy Warhol, Douglas Gordon und anderen) und historischer Erscheinungsformen des Films (Experimentalfilm, Found Footage, Musikvideo usw.) als auch anhand einer institutionellen Logik (insbesondere des Kunstbetriebs). Dabei kommt es mitunter fast zwangsläufig zu gewissen Verallgemeinerungen, die der einzelnen Institution, der einzelnen Ausstellung, dem einzelnen Museum oder Filmfestival, kurzum der Gleichzeitigkeit unterschiedlicher Praktiken nicht gerecht werden können. So mögen einige Zuspitzungen filmhistorisch und -theoretisch angreifbar sein. Wenn Kino daher hier rückblickend zuweilen spekulativ und emphatisch als eine eigenständige Wahrnehmungsform aufgefasst wird, die gerade verloren zu gehen droht, dann weil wir (alt genug, um jene Erfahrung gemacht zu haben) vielleicht noch nicht in vollem Umfang verstanden haben, was Kino war, und weil Kino hier als eine Möglichkeitsform angesehen wird, das heißt als eine zwar mögliche, aber jederzeit labile Alternative zur Blickordnung, die uns die Mehrzahl der Fernsehprogramme, Filmfestivals, Museen und Ausstellungen gegenwärtig vorschreibt.

Grundlage dieses Buches sind Texte, Vorträge und Interviews, die seit 1995 entstanden und teilweise auch erschienen sind, unter anderem in den Zeitungen und Zeitschriften *Frankfurter Allgemeine Zeitung*, *epd Film*, *Freitag*, *Schnitt – Das Filmmagazin*, *kolik.film*, in den Buchpublikationen *Im Spiegelkabinett der Illusionen. Filme über sich selbst* und *Kinomuseum. Towards an Artist's Cinema* sowie in Katalogen der KunstFilmBiennale (Köln) und der Internationalen Kurzfilmtage Oberhausen. Ich danke allen, die für Entstehung und Veröffentlichung dieser Texte gesorgt haben. Die Texte waren häufig auf einen Anlass bezogen, Interventionen. Dieses Gegenwartsinteresse bleibt erhalten. Auf Text- und Zitatnachweise wurde der besseren Lesbarkeit wegen verzichtet. Für die kritische Durchsicht des Manuskripts und Hinweise danke ich Jan-Frederik Bandel, Alexander Horwath und Stefan Ripplinger.

VORWORT ZUR NEUAUSGABE

Zwei Jahre nach Erscheinen der ersten Ausgabe war das Buch vergriffen. Da mit dem Verleger keine Einigung über eine Neuauflage erzielt werden konnte, also ein anderer Verlag gefunden und überzeugt werden musste, und die Sache nun sowieso schon in der Welt war, schien eine Überarbeitung des Buchs möglich, wenn nicht gar nötig, nicht nur um Unzulänglichkeiten, die ich mir durch Ungeduld und Unvermögen geleistet hatte, zu beheben, sondern weil ich seit 2012 viele neue Ausstellungen und Filme gesehen, Artikel und Bücher gelesen sowie Diskussionen und Vorträge verfolgt habe, die auch ein neues Verständnis der Sache nach sich zogen. Bei Erscheinen des Buches war ich noch der Ansicht, man könne es nach zwei Jahren wegwerfen, weil der Text sich auf aktuelle Entwicklungen bezog und sich seine Aufgabe erledigt haben würde. Dank vieler Reaktionen auf das Buch war es mir möglich zu begreifen, was ich geschrieben hatte oder zumindest hatte schreiben wollen, vielleicht sogar möglich, die Fragen noch genauer zu stellen, zu denen ich Antworten schon gegeben habe. Das Buch sollte und wollte eine kritische Intervention zur Gegenwart sein, sollte und wollte verändern, gegenwärtig sein. Warum sich also nicht fünf Jahre später noch einmal an die Sache machen?

Film und Kunst nach dem Kino vertritt einen emphatischen Begriff von Kino und ist daher hauptsächlich ein Verständigungsversuch darüber, was Kino war, inwieweit wir durch das Kino verändert wurden und was wir vielleicht sogar am Kino noch nicht zu Ende gedacht haben. Das Buch behandelt Kino nicht vordringlich als Zeichensystem, sondern als eine *kulturelle Praxis*, die im Verschwinden begriffen ist, während Filme jenseits des Kinos in anderen Auswertungen neue Gestalt annehmen. Das Buch handelt von der Migration des Films aus dem Kino sowie vom Verschwinden des Kinos aus den Filmen und spürt also auch nach, wie wir die Welt ohne Kino wahrnehmen. Das Buch ist daher fraglos auch ein wenig melancholisch, aber nicht nostalgisch. Es ist immer traurig, wenn etwas verschwindet, das das Leben lebenswert macht oder tiefer erfahren lässt. Es kann manchmal auch nötig sein, konservativ zu sein, also etwas zu bewahren, und sei es nur als Idee. Der Ton der Abhandlung schwankt daher zwischen polemischem Einspruch und ironischer Totalisierung.

Die größte Ablehnung erfuhr das Buch zu meinem Erstaunen von Leuten, die das Kino verwalten. Es wurden mir Meinungen und Zahlen entgegengehalten, dass und warum es um Film und Kino angeblich gar nicht so schlecht bestellt sei. Während mir also die einen »Kulturpessimismus« vorhielten, vermissten die anderen »Liebe zum Kino« (die in der Regel in einem kritiklosen Umgang mit Filmen besteht). Vor dem Hintergrund einer »postkinematographischen Wirklichkeit« (Manfred Hermes) jedoch ist es nötiger denn je, das Kino sowohl gegen jene zu verteidigen, die es betreiben, als auch gegen jene, die Kino nicht mehr nötig finden, um Filme zu zeigen. Das Anliegen des Buchs ist ein vertieftes gesellschaftliches, historisches und medientheoretisches Verständnis von Kino und neuen institutionellen und medialen Typologien, die mit ihren Logiken und Techniken den Film neu formatieren. Diese Überlegungen sollen dazu beitragen, die beschleunigten ästhetischen, gesellschaftlichen und technischen Veränderungen der Bewegtbilder nachzuvollziehen und zu bewerten: Wie also verändern die Neuformatierungen des Films jenseits des Kinos die Art, wie wir ihn und damit die Welt sehen?

Seit der ersten Ausgabe wurde mir der Zusammenhang zwischen dem Aufkommen einer neuen Subjektivität und dem Verschwinden des Kinos in postindustriellen Gesellschaften immer deutlicher, dass Kino also medientechnologisch durch seinen Zwang zur Wahrnehmung, den es gegenüber dem Ich ausübt, einen Bezug zu Wirklichkeit darstellt (bzw. erzwingt), der gesellschaftlich gerade durch ein neues Selbstverständnis und eine veränderte Rolle von Subjektivität abgelöst wird, nicht nur im Umgang mit Kultur und Technologie. Die zunehmende Privatisierung und Mobilisierung der Rezeption, die tendenziell unendlichen Anschlüsse, die im Internet entstehen, partizipatorische und interaktive Zugänge zu Bildern generell deuten auf eine Subjektivität hin, die einer äußeren Wirklichkeit mehr und mehr individuell gestaltend und regulierend, also manipulierend gegenübertritt, während das Kino vor allem einen passiven kognitiven Bezug zu einer fremdartigen und auch unzugänglichen Wirklichkeit bezeichnete. Dieser neuen Subjektivität scheint so schnell nichts unmöglich und unzugänglich zu sein. Sie spiegelt sich in den medientechnologischen Entwicklungen der digitalen Medien ebenso wie in den Logiken und Techniken neuer institutioneller Typologien, die den Zugang zu Bildern formatieren und regulieren, und ist doch selbst deren Ausdruck. Dies verändert das Verständnis von äußerer Wirklichkeit, also auch des Faktischen und Objektiven, die Subjektivität nicht mehr gleichermaßen entgegengestellt sind, umfassend. Kurz, das Verschwinden von Kino geht einher mit Prozessen in postindustriellen Gesellschaften, die ihre Wirklichkeitszugänge vollkommen neu klären und bestimmen müssen, ihre kommunikativen Grundlagen ebenso wie ihre im engeren Sinne demokratische Verfassung. Zwischen dem Aufkommen einer neuen Subjektivität (»freie«

Betrachtung von Kunst bis hin zu populistischen Meinungen im politischen Raum) und dem Verschwinden des Kinos in den Filmen und im Umgang mit Filmen besteht zwar kein unmittelbar kausaler Zusammenhang, aber ein gesellschaftlicher und technologischer, den wir gerade zu verstehen beginnen.

Abgesehen vom Vorwort der ersten Ausgabe, das diesem unverändert vorangestellt ist, wurde der Text stark erweitert und verändert. Zwar gibt es nicht endlose Möglichkeiten, »etwas« zu sagen, aber man kann den Gedanken, der ein Satz ist, immer noch etwas zu verbessern suchen. Der Text wurde übermalt, *the song remains the same*. Die Kapitel, die etwas martialisch durch Ziffern bezeichnet waren, tragen nun Titel, die sich auch in einem Inhaltsverzeichnis wiederfinden. Dies soll der Gliederung und Orientierung dienen, nicht aber dazu einladen, die Kapitel einzeln zu lesen. Der Begriff »Film« wird durchweg für technische Bewegtbilder verwendet, unabhängig davon, ob es sich um analoge oder digitale handelt, unabhängig davon, wo und wie sie gezeigt werden; Ausnahmen sind kenntlich gemacht. Zitate in englischer Sprache wurden im Original belassen, weitere, soweit nötig, übersetzt.

Ohne die Internationalen Kurzfilmtage Oberhausen wären viele der Einsichten, die diesem Buch zugrunde liegen, niemals möglich gewesen. Ich danke Carmen Strzelecki, die das das Wagnis einer Neuauflage auf sich nahm, Jan-Frederik Bandel für sein aufmerksames Lektorat sowie allen, die mich über die Jahre unterstützt haben, und bedauere, dass mein Freund Klaus Behnken, dem ich in den letzten fünfundzwanzig Jahren so viel Einsicht zu verdanken hatte, zu früh starb, um die überarbeitete Fassung vor ihrer Drucklegung noch lesen und mit mir diskutieren zu können; seinem Gedenken sei daher dieses Buch gewidmet.

Oberhausen, im März 2017

DAS KINO VERSCHWINDET AUS DEN FILMEN

Was Film ist, hat bislang weitgehend der Markt entschieden, der das Kino als kommerzielle Auswertungsform von Filmen hervorgebracht hat. Das, unter anderem, unterscheidet Film von den Künsten. Es ist daher mehr als wahrscheinlich, dass die aktuellen Veränderungen der Auswertungsformen von Film, die aller Voraussicht nach am Kino vorbeigehen werden, Auswirkungen nicht nur auf seine ästhetische Gestalt, sondern auch auf seine gesellschaftliche Bedeutung und seine Wahrnehmungsform haben werden. Er wird anders aussehen und auch anders wahrgenommen werden. Er wird nichts mehr mit dem Film zu tun haben, den wir kannten. Diese Veränderung wird nicht als Zäsur sichtbar werden, sie wird sich nicht offenkundig an den Filmen zeigen. Sie wird sich vielmehr fast unsichtbar vollziehen. Zwar werden auch weiterhin Geschichten erzählt werden, solche, die uns beeindrucken, und solche, die uns langweilen; aber Film war immer noch etwas anderes als die Geschichte, die man uns erzählt hat. Film bedeutete zugleich ein Stück alternativer Wahrnehmung im und durch Kino. Der Film wird in dem Moment ein anderer sein, da ich ihn allein zu Hause anschaue, statt im Kino zu einer fremden Wahrnehmung gezwungen zu sein.

Wirtschaftlich gesehen ist Kino, sagt der US-amerikanische Filmproduzent James Schamus, längst nicht mehr relevant, ist Kino tot. Die Filmverleiher werden künftig ihre Produkte mehr oder weniger zeitgleich ins Kino und auf digitalen Wegen ans Publikum bringen. Die Kinos sind mit immer kürzeren Auswertungszeiten konfrontiert. Wer heute begreifen will, wie es um das Kino bestellt ist, wird eher im Wirtschaftsteil der Zeitung als im Feuilleton fündig. Der Rückgang der Besucherzahlen in den Kinos ist weltweit deutlich zu erkennen, nicht nur in Deutschland, wo man im Jahr 2015 durchschnittlich gerade einmal noch anderthalbmal pro Jahr und Kopf ins Kino geht, wo allein in den ersten fünfzehn Jahren des neuen Jahrtausends ein Drittel der Besucher wegblieb. Der Kinobesuch in Deutschland ist von rund 800 Millionen Eintritten pro Jahr in den fünfziger Jahren auf rund 121 Millionen im Jahr 2016 zurückgefallen. Die Abwärtskurve der analogen Filmauswertung wird statistisch ein wenig kaschiert durch erhöhte Eintrittspreise (unter anderem für neuartige Angebote wie 3D, die bereits wieder rückläufig sind – im Jahr 2016 wurden in Hollywood ganze drei Filme in diesem Verfahren produziert) und eine Zunahme der Leinwände. Nicht nur in vielen Städten, mittlerweile sogar in vielen Ländern sind Kinos gänzlich verschwunden. Gleichzeitig wird das Kinopublikum immer älter und gebildeter. Die durchschnittliche Auswertungsdauer eines Films im Kino hat sich in den letzten Jahren drastisch verkürzt. Derzeit werden alle möglichen Auswertungsmöglichkeiten eines Films mehr oder weniger zeitgleich genutzt. Die neuen technologischen Möglichkeiten ziehen neue wirtschaftliche Erwägungen nach sich.

Sehr wahrscheinlich sogar wird sich ein Film mittelfristig nur noch im privaten Raum amortisieren können, als Home Cinema. Die Videotheken, deren Geschäftsmodell ebenfalls verschwindet, hatten zuletzt schon doppelt so viel Umsatz wie die Kinos. Um das

Jahr 2010 herum wurde in Deutschland bereits nur noch etwa ein Viertel aller Umsätze von Film im Kino erzielt (in den USA noch weniger). Im Jahr 2016 ergab eine Online-Umfrage von Goldmedia, dass 43 Prozent oder rund 24 Millionen Onlinenutzer in Deutschland auf kostenpflichtige VoD-Angebote (Pay-VoD) zugreifen; der Wert habe sich damit binnen zwei Jahren mehr als verdoppelt. Die Verleiher retten den Film und ihr Geschäftsmodell gerade auf Kosten der Kinos. Diese kann man nicht einmal bedauern, denkt man an viele schlecht vorgeführten Filme und Zustände dort (und auf Filmfestivals). Das Kino wurde den Verleihern zu teuer. Bestimmte Gewinnerwartungen sind nur noch durch Kostenreduktion zu erreichen. Es ist schon heute effizienter, den Film auf DVD zu verkaufen oder ihn *on demand* im digitalen Fernsehen oder im Internet anzubieten. DVDs wurden so schnell so preiswert, dass es immer attraktiver wird, Filme zu Hause oder unterwegs anzuschauen. Dort darf ich rauchen und trinken nach Belieben. Ich kann die Füße hochlegen, ohne jemanden zu stören. Ich kann den Film unterbrechen, wenn das Telefon klingelt oder Nachschub aus dem Kühlschrank geholt werden muss. Ich benötige keine Parkplätze, keinen Babysitter, ich muss nicht Schlange stehen oder den Geruch von Nachos ertragen. Die Altersfreigabe wird auch nicht kontrolliert. Ich kann mir Filme sogar nach Hause schicken lassen, sie mithilfe der mobilen Endgeräte auf Reisen nutzen, Sprachfassungen und Untertitel wählen; vor allem stehen mir die Filme jederzeit zur Verfügung. Ich muss auf niemanden Rücksicht nehmen, kurzum: nur Vorteile. Sicherlich wird man den Kinoraum künftig noch für Marketingzwecke nutzen, das Kino als sozialen und architektonischen Ort reinszenieren, aber die wesentliche Wertschöpfung mit Filmen wird dort nicht mehr stattfinden. So ist Kino längst zum Gegenstand »nostalgischer Reflexionen« (Constanze Ruhm) geworden.

Digitale Projektion, die in Europa den Niedergang des Geschäftsmodells Kino (mithilfe freilich sagenhafter Subventionen) aufhalten soll, wird diesen Prozess allenfalls verlangsamen, nicht aufhalten. Die Entwicklung führt zunächst einmal zu starken Beschränkungen dessen, was im Kino noch gezeigt werden kann. Die digitale Qualität der Reproduktion alter Filme (also analoger Filmkopien), aber auch der Produktion neuer Filme unterliegt einem rapiden technischen Wandel, sodass die jeweiligen Qualitätsstandards der Digitalisierung (und der Digitalisate) schnell veraltet sein werden. Digitalisierung kann ja nur das aktuell technisch Mögliche leisten und veraltet schnell; Filmgeschichte kann daher nur zum jeweils möglichen technischen Standard gesichert und vorgeführt werden. Daraus resultiert die Frage, wie man Filmgeschichte zu den bestmöglichen technischen Bedingungen zugänglich halten kann. Digitalisierte Filme müssten künftig im Grunde in regelmäßigen Abständen auf den neuesten technischen Stand gebracht werden, mit freilich immensen Kosten. Eine digitale Abtastung zu besten Bedingungen ist weitaus teuerer als eine neue analoge Vorführkopie. Und jede digitale Masterdatei muss in bestimmten Zeiträumen umkopiert und auf einem höheren Standard gesichert werden. Der analoge Teil der Filmgeschichte wird künftig nur noch sehr eingeschränkt technisch aktualisiert vorliegen und spielbar sein. Das Kino ist von seiner eigenen Geschichte durch einen Technologiebruch abgeschnitten. Digitale Restaurierung und Vorführung von alten Filmen finden derzeit gerade einmal unter den Sonderbedingungen des Events statt, meist von Stummfilm-Klassikern (gerne mit Livemusik), nicht als der Regelfall, weil Filmarchive oder Filmfestivals derartige Kosten nur im Ausnahmefall mithilfe von Drittmitteln bewältigen können. Solche Events sind im Grunde schon Symptom der Krise, insofern sie Kino reinszenieren,

Fake. Ob und wie die Digitalisierung der analogen (und künftig auch die Erneuerung der digitalen) Filmgeschichte finanziert werden kann und ob es für ein solches Angebot noch eine Nachfrage im Kino geben wird, ist ungewiss. Sobald die analogen Filmprojektoren in den Kinos einmal abgeschafft sind (und damit in der Folge das technische Wissen), riskiert man, analoge Filmgeschichte aus dem Kino zu streichen. Zugleich verschwinden die Kopierwerke für analoge Filme. Insofern ist die Entscheidung, nur größere Kinos mit viel Publikum bei der »digitalen Aufrüstung« zu subventionieren, nicht die kleinen, genau falsch, denn hier wäre der Ort, wo Filmgeschichte auch unter digitalen Bedingungen noch ihren Platz hätte. Freilich ist man dankbar dafür, dass Filme digital projiziert nun endlich einmal scharf auf der Leinwand sind. Wirtschaftlich gesehen aber suggeriert die Digitalisierung der Kinos eine illusorische Perspektive für das Kino mit Filmen, die sich jenseits desselben refinanzieren. Sie stellt daher einen im Grunde ebenso hilf- wie alternativlosen Reflex auf ein neues Auswertungssystem von Film dar, mit dem Kino nicht wird konkurrieren können. Im Gegenteil, vermutlich wird die Subventionierung digitaler Projektion im Kino mittelbar eine Zukunft des Films ohne das Kino finanzieren helfen.

Und auch die DVD (und nachfolgende digitale Trägergenerationen für den privaten Gebrauch wie Blu-ray) erscheint nur als eine Übergangsform auf dem Weg zu einer datenträgerlosen individuellen Auswertung im privaten Raum (*on demand*). Mit Sicherheit kann die DVD dazu beitragen, alten, bislang unzugänglichen Filmen neue Sichtbarkeit zu verleihen. Wer ist nicht froh, wenn die Filme, auf die man lange oder vergeblich im Kino oder auf Festivals gewartet hatte und die auch aus dem Fernsehen verschwunden sind, endlich verfügbar sind? Findet die Begegnung mit Filmgeschichte mittlerweile nicht überwiegend über DVD statt (auch weil man selbst nicht die Zeit oder die Möglichkeit hat, sich die Filme im Kino oder Fernsehen, so sie dort denn zu sehen sind, anzuschauen)? Umso ernüchternder ist die Erfahrung, dass sich etwas an den Filmen auf DVD nicht nach Hause mitnehmen lässt, und das nicht nur, weil die digitale Reproduktion nicht die Qualität der Filmkopie erreicht. Der Film ist ein anderer jenseits von Leinwand und Kollektiv. Die Verfügbarkeit zu jeder Zeit wirkt an der Erosion des Films als Wahrnehmungsform mit.

Früher sah man die Filme im Fernsehen als eine Ahnung von Kino und mit dem Wunsch nach Kino, heute sind diese Filme gar nicht mehr sichtbar unter den Bedingungen, unter denen sie einmal aufgeführt wurden und die ihnen ihre Wirkung verliehen. Was übrig bleibt, ist die Geschichte, das, was sich erzählen lässt. Das Fernsehen hat den Sieg über den Film davongetragen, indem es dem Film alles nahm, was ihn durch das Kino als Wahrnehmungsform auf eine andere Wirklichkeit verweisen ließ. Es war immer schon eine Qual, sich einen Ford, Ozu oder Tati im Fernsehen anzuschauen, aber die Dinge haben sich grundlegend verändert, seit Filme überwiegend wegen des Fernsehens und für das Fernsehen entstehen. Dies ist vor allem in einem (europäischen) Filmfördersystem begründet, das Kinofilme nur noch mithilfe des Fernsehens und nach dessen ästhetischen und wirtschaftlichen Maßgaben ermöglicht – ein Umstand, für den die Verantwortlichen von uns noch Dankbarkeit erwarten, ohne sich einzugestehen, dass sie am Ende des Kinos tatkräftig mitwirken, denn wer will sich schon Fernsehfilme im Kino anschauen, die dort noch schlechter werden? Ein Film für das Fernsehen kann sich bestimmte Bilder und Längen nicht erlauben. Es geht also nicht allein um den wirtschaftlichen Niedergang eines bestimmten Vertriebswegs für Film, der voraussichtlich Auswirkungen auf Einzelhandel und Gastronomie der Städte haben wird, und auch nicht um eine nostalgische Erinnerung an die architektonischen Räume des Kinos. Am Niedergang des Kinos lässt sich nachvollziehen, wie Gesellschaft auf Individualisierung umgestellt wird. Zwar soll jeder das Gleiche konsumieren, aber zu jedem beliebigen Zeitpunkt und an jedem Ort. Mit der Privatisierung der Filmrezeption wird die Kaufkraft des gesamten Kinopublikums umgeleitet, um Fernsehen als Prinzip des individuellen Zugangs zum Film endgültig durchzusetzen. Doch die Bilder des Fernsehens unterschieden sich dem Wesen nach von denen des Kinos; sie haben von Beginn an jemanden adressiert, der um- und abschalten kann. Ein Film im Fernsehen und ein Film im Kino ist nicht derselbe, muss man Jacques Rancière entgegenhalten, auch wenn die Fernsehshow im Kino dieselbe bleibt. Ein Film aber, dessen Auswertung auf DVD und Fernsehen oder gar das Internet abzielt oder zumindest diese mit einschließt, übernimmt auch deren Gebrauchs- und Wahrnehmungsform. Filme müssen für immer kleinere Endgeräte auswertbar sein. Sie müssen angesichts der gesellschaftlichen Mobilität in immer kleineren Bildern und immer kürzeren Einheiten erfasst werden können und verständlich sein. Fernsehanstalten oder Anbieter im Internet verkaufen den Film nicht als Produkt an einen Zuschauer, sondern den Zuschauer (den »User«), der diesen Film sieht, als Produkt an die Werbeindustrie (abstrakt: an die »Quote«).

Das Kino, das eine bestimmte soziale Verabredung darstellt und verlangt, da hier (wie bei darstellenden Künsten oder Musikaufführungen) nichts jederzeit verfügbar ist, steht der Abschöpfung des individuellen Konsums mittlerweile eher entgegen angesichts einer deregulierten Arbeitswelt und einer stark individualisierten Freizeitgesellschaft. Was bleibt von der Erfahrung des Anderen, das in dieser Wahrnehmung des Kinos möglich war, muss notwendigerweise Fiktion bleiben, Film ohne Kino. Die sozialen Verabredungen, die mit dieser kulturellen Praxis einhergehen, erscheinen bereits wie gesellschaftliche Atavismen. Selbst das Fernsehen, zumindest soweit es noch *on air* ist, verlangt von mir, dass ich zu einer bestimmten Zeit vor einem Empfangsgerät sitze. Für das Kino gilt im Grunde die gleiche fast archaische soziale Formatierung wie für Konzerte, Oper oder Theater, sich zu einem bestimmten Zeitpunkt an einem bestimmten Ort zusammenzufinden. Die Konvention bedeutet zugleich eine Schwellenerfahrung, mit der bestimmte *kollektive* Verpflichtungen einhergehen (Pünktlichkeit, Stillsitzen, Schweigen usw.). Durch das Internet entstand ein erheblicher Innovationsdruck auf die kulturelle Praxis, die sozialen Verabredungen zu lösen und ihre »Inhalte« sozusagen jederzeit überall verfügbar zu halten und als Produkte freizustellen. Zugleich kann man beobachten, wie die Künste unter gesellschaftlichen Druck geraten, so zu sein bzw. zu funktionieren wie im Internet. Das Internet und damit die Form des *individuellen* Gebrauchs bestimmt mittlerweile den Mainstream auch in der Kultur. Theater, selbst Opern- und Konzerthäuser, expandieren reihenweise mit ihren Angeboten nicht nur ins Internet, sondern reformatieren ihre Angebote entsprechend (etwa durch mobile Endgeräte als Teil der Aufführung *im Haus*) und werfen damit die Frage auf, warum Kino, Musik, Oper, Theater usw. überhaupt noch *ein Haus* benötigen. Schwellenerfahrung: Physische, sinnliche und soziale Erfahrung, gesellschaftliche Konventionen usw. treten zunehmend in den Hintergrund. Wie »schwellenlos« muss Kultur sein, sind bestimmte soziale Verabredungen überhaupt noch gewünscht? Daran knüpfen sich unzählige auch kulturpolitische Fragen, nicht nur was den Sinn der Architektur dieser Häuser anbelangt, sondern vor allem auch die Frage, welche gesellschaftliche Aufgabe Kunst überhaupt hat, inwieweit Gesellschaft vor der Tür zu bleiben hat oder in welchem Maße Kunst generell an Schwellenerfahrungen und Konventionen geknüpft ist oder sein muss oder wo und wie Kunst kollektiv wahrgenommen werden sollte. Hippe Entgrenzung der Kunst delegitimiert Kultur beim Versuch, sie neu zu legitimieren.

Selbst mit kritischem Abstand betrachtet bleibt die Erkenntnis aus Walter Benjamins Kunstwerk-Aufsatz, dass der Film vor allem als gesellschaftliche Wahrnehmungsform und weniger als Artefakt eine tiefgreifende mediengeschichtliche Neuerung darstellte. In den ersten Jahrzehnten der Filmtheorie war man sich, gleichgültig auf welcher Seite man stand, zumindest darin einig, dass das Kino einen Angriff auf die klassischen Künste und die bürgerlichen Rezeptionsformen bedeutete. Benjamin erkannte als einer der Ersten die gesellschaftliche Relevanz des Films als apparative Wahrnehmung, die sich aufzwingt. Keine Wahl zu lassen, nicht einmal der Vorstellung (wenn der Film nicht gar die Fortsetzung der Vorstellung mit den Mitteln eines anderen ist), ist genau das, was den Film als kollektive Wahrnehmungsform so mächtig und ihn der Kunst und dem bürgerlichen Empfinden gegenüber so verdächtig machte: der durchaus autoritäre Zwang, eine *andere* Wirklichkeit für eine beschränkte Dauer anders wahrnehmen zu müssen (und sie nicht nur zu betrachten oder sich vorzustellen).

Die kollektive öffentliche Erfahrung von Kino dürfte bald der Vergangenheit angehören oder zumindest eine stark untergeordnete Rolle spielen. Im Internet entsteht eine neue, versprengte Öffentlichkeit – Öffentlichkeit zum Mitmachen: Abstimmung, Insiderwissen, Meinung, Ranking. Wer dort mitmacht, darf glauben, Teil von etwas und tatsächlich gemeint zu sein. Öffentlichkeit bietet sich hier, auf ein paar Schlüsselwörter reduziert, für neue Marketingstrategien und genau erfassbares Consumer Targeting dar. Der Niedergang von politischer Öffentlichkeit (zu deren Idealisierung kaum jemals begründet Anlass bestand), zurzeit noch als »Politikverdrossenheit« verharmlost (obgleich populistischer Abschied aus der Demokratie in der Tat immer militanter wird), vollzieht sich parallel zum Niedergang des Kinos. Im Internet verhalten sich die Leute genauso, wie sie es im politischen Raum gelernt haben: abstimmend. Wissen ist dazu nicht notwendig, Meinung genügt. Totalitäre Subjektivität schafft Realität ab, beginnt Faktizität zu ignorieren. User vor einem DVD-Player oder im Internet sind die Wahlberechtigten der westlichen Demokratien, die alle vier, fünf Jahre ihr Kreuz machen dürfen: Öffentlichkeit, deren Grenzen und Spielregeln andere festgelegt haben.

Jaron Lanier hat aufgezeigt, dass die soziale Vernetzung von Wissen im Internet nicht erfinderisch ist, sondern in hohem Maße konservativ oder »retro«. Simon Reynolds sagt, im Internet entstehe eine regelrechte »Retromanie«, »ein digitales Regime des totalen und unmittelbaren Zugangs zu den kulturellen Artefakten der Vergangenheit – eine Form des Überflusses, die zu einer Art Zwangslage und zu einer Krise geworden ist«. Die Wiederkehr des Vampirfilms in den letzten Jahren hat genau dieses zum Gegenstand: dass nichts vergessen wird, dass nichts tot ist, wenn es Teil der digitalen Welt geworden ist. Der Vampirfilm artikuliert die Wiederkehr des Vergangenen, das nicht vergehen kann in Musik und Film, den Abschied vom Neuen in der Form des Genres, dem man nicht entkommt. Alles wird Pastiche, Versatzstück, Zitat: Was wiederkehrt, ist notwendigerweise untot und kann nicht sterben. Der Vampir verkörpert die Krise der Moderne und des Kinos selbst, das nur noch aus seinen tradierten Bildern schöpft: endlose Analogie, Wiedergänger, Wiederholung als Horror.

Diese unentrinnbare Gleichzeitigkeit von Information und Sichtbarkeiten, das Ende des Kinos, das Ende der Erinnerung haben

Terry Gilliam in 12 MONKEYS (1995) und Kathryn Bigelow in STRANGE DAYS (1995) vorweggenommen – lange bevor mit den mobilen Endgeräten bewegte Bilder überall und jederzeit abrufbar wurden, lange vor den digitalen Bildern. In STRANGE DAYS wandert das Gedächtnis in den digitalen Speicher ab, in eine Art visuellen Walkman, mit dem man die Wahrnehmungen anderer wahrnehmen kann, und macht das Vergangene individuell verfügbar. Den Film ereilt das Schicksal der Musik als »tragbare Intimität« (Diedrich Diederichsen) in den individuellen Abspielgeräten, die Raymond Williams schon im Jahr 1974 »mobile privatization« nannte. Das Vergangene wird mit der Gegenwart kurzgeschlossen. Die wahrnehmenden Körper sind an eine Maschine gebunden, die für sie »wahrnimmt«, wie dies im Kino der Fall ist. Die Privatisierung der Filmrezeption jedoch ist das Gegenteil von Kino: Das Kino begreift, dass es im individuellen Gebrauch zu Ende geht. Der Niedergang des Kinos ist nicht allein eine im strengen Sinne wirtschaftliche Konsequenz neuer Auswertungshorizonte von Film und nicht das Ergebnis einer neuen Ästhetik, sondern einer gesellschaftlichen Krise des Bildes. Das Kino verschwindet auf der Leinwand, aus den Filmen. Wenn das Kino als Raum verschwindet, so bedeutet das weitaus mehr als den Niedergang eines Auswertungsorts von Film; es ist das Verschwinden des Kollektivs und einer Wahrnehmungsform. Die Möglichkeit, Film in einem privaten Raum plausibel zu zeigen, weil es bequemer, zeit- und kostensparend ist und außerdem auf dem neuen HD-Monitor noch besser aussieht und größer ist als früher, verändert die Wahrnehmung von Film erheblich; denn Kino verkörperte einen dissidenten Raum der Wahrnehmung, in dem ich mit anderen für eine gewisse Dauer gezwungen war wahrzunehmen, sozusagen in profaner Versunkenheit. Der Film verliert damit auch den Bezug zu seinem Außen. Seine Sichtbarkeit artikulierte sich in Kontrast zu den Verhältnissen der Welt, die man außerhalb des Kinos vorfand. Das Kino verschaffte mir einen Bezug zur Welt nicht dadurch, dass es sie im Film abbildete, sondern indem es mir eine andere Wahrnehmung der Welt vorschlug, einer Welt, die ich nicht kannte.

Fernsehen, aber vor allem die Möglichkeiten, die DVD und Internet bieten, lassen eine Wahl, die keine ist. »Das Kino starb am 31. September 1983, als auf der ganzen Welt die Fernbedienung Einzug in die Wohnzimmer hielt«, sagt Peter Greenaway. Home Cinema kennt kein Außen, keine Schwellenerfahrung, es adressiert immer die private, vereinzelte Person, denjenigen, der subjektiv entscheidet, wann, was und wie er schaut. Die Privatperson ist ein anderes soziales Wesen als der Zuschauer im Kino. Sie behandelt den Film, den sie sich zu Hause anschaut, wie alle Dinge, die ihr dort zur Verfügung stehen. Sie ist nicht länger einem alternativen Entwurf von Wirklichkeit unterworfen für diese fremdartige, willkürliche und manchmal auch anstrengende Dauer des Films. Der Film wird zum *Game*. Game ist die Konsequenz des bewegten Bildes nach Kino und Fernsehen: ein narzisstisches, weil manipulierbares Bild (das gleichwohl manipulativ sein kann; das beschäftige Harun Farocki in seinen letzten Arbeiten) – Terror der Subjektivität. Der Mensch des Kinos mag soziologisch gesehen das gleiche Wesen sein wie außerhalb des Kinos, aber nicht in seiner Wahrnehmung. In seiner Wahrnehmung steht er außerhalb der Gesellschaft: nicht de facto, aber kognitiv. Im Kino ist er *für sich*. Er fühlt und denkt anders für die Dauer dieser experimentellen Zeit, die sich da vor ihm entfaltet und die ihn zwingt, jemand anderes zu sein. Dieses andere, alternative und »unverantwortliche« (Roland Barthes) Leben des Films, das erschloss sich ihm, das entdeckte er nicht durch Betrachtung, Kontemplation und Konzentration, sondern allein durch das Kino, das ihm keine Wahl ließ, weder die

Wahl des Blicks noch der Vorstellung. »Das Kino hat weniger die Welt selbst als die Welt bei der Betrachtung des Kinos beobachtet«, sagte Jean-Luc Godard bei der Verleihung des Adorno-Preises. »Wenn also Ingrid Bergman einen Schlüssel in ihrer Hand versteckt, sieht man [im Fernsehen] nicht mehr, dass dieser Schlüssel uns betrachtet.« Solange das Kino mehr oder weniger der einzige Auswertungsort von Film war, solange die Wertschöpfung von Film noch überwiegend im Kino stattfand, bestimmte auch das Kino, wie Film aussah und wie wir ihn sahen und durch ihn die Welt. Das Kino prägte und strukturierte unsere Wahrnehmung des Films, der sichtbarster Ausdruck von Kino war. Wenn der überwiegende Teil der Wertschöpfung von Film jenseits des Kinos stattfindet, so bestimmen diese Auswertungen auch seine Erscheinungsformen und unsere Wahrnehmung.

Serge Daney beschrieb vor dem Hintergrund einer neuen Macht des Fernsehens und der Werbung schon Ende der achtziger Jahre in posthum herausgegebenen Gesprächen und Notizen (in *Devant la recrudescence des vols de sacs à mains, cinéma, télévision, information*; *L'Exercice a été profitable, Monsieur* oder *Persévérance*), wie das filmische Bild bei Jean-Jacques Annaud, Jean-Jacques Beineix und Luc Besson von einer neuen Visualität, einem Film nach dem Kino abgelöst wird, der keine Wirklichkeit mehr entdeckt, einem Blick, der Wirklichkeit schafft. Kino war für Daney immer eine *Begegnung mit dem Anderen* gewesen. Das Bild stand in einem Verhältnis zu einem Noch-Nicht, einem Nicht-Wissen. Das Kino hat der Macht des Fernsehens und der Werbung nun aber nichts mehr entgegenzusetzen. Daney beschreibt historisch genau den Moment, in dem Filme entstehen, die nicht mehr Ausdruck von Kino sind, sondern von neuen Auswertungshorizonten, die das Kino aus den Filmen verschwinden lassen. Er zeigt an JAWS (1975), wie Steven Spielberg, indem er die Perspektive des Hais einnimmt und somit einen *unmöglichen Blick*, ein neuartiges, *informelles Bild* in das Kino einführte, einen Blick, der alles kann, alles darf, dem nichts unmöglich ist und der damit eine ungeheuerliche Wirkung entfaltet, da er mich an eine Stelle versetzt, an der ich weder sein konnte noch sein wollte. Doch der weiße Hai ist nur ein Rudiment des alten Kinos, das Stück Natur, das vergessen wurde und zurückkehrt. Die Sache sieht in JURASSIC PARK (1993) schon ganz anders aus: Der Film handelt von einem Entertainmentpark, der genetisch reproduzierte Dinosaurier ausstellt, die außer Kontrolle geraten. Die Faszination besteht hier gegenüber einer Wirklichkeit, die technisch möglich ist, im Machbaren. Animation ersetzt Dauer. Der Film wird zur Übersetzung von Bildern, die vor ihm da waren. Es handelt sich nicht um eine Wirklichkeit, die entdeckt wird, sondern um eine Wirklichkeit, die der Blick erschafft, eine dem Grunde nach generative Wirklichkeit. Mit THE ADVENTURES OF TINTIN (2011) hat Spielberg dann sogar einen Comic in ein »lebensechtes« 3D-Verfahren transponiert. Das erste Erscheinen der Dinosaurier in JURASSIC PARK wird von der kleinen Gruppe der Besucher des Parks beobachtet, die wir beobachten. Die Faszination gegenüber dem Möglichen ist Teil der Inszenierung selbst. Die Simulationstechnik im Film ist zugleich die Simulationstechnik des Films. Das Signet des Entertainmentparks und das Signet des Films sind identisch. Der Film verkörpert den Blick des Zuschauers, der alles kann, die Privatisierung von Erfahrung oder Aneignung der Zeit durch das Sichtbare. Ob diese Wirklichkeit digital generiert ist oder nicht, spielt gar keine Rolle (das Kino hat von Anfang an Illusionsbauten errichtet). Die »Entdeckung« der Dinosaurier besteht lediglich in der Tatsache, dass sie gezeigt werden können (dass es »machbar« ist, sie so lebendig und »real« erscheinen zu lassen), nicht darin, dass sie gegenüber dem Blick neuartig oder verborgen erscheinen; im Gegenteil, sie existieren nur *für* den Konsumenten, der die Ware kennt, die ihm da verkauft wird.

Hier ist ein Verhältnis zwischen Abbildung und Wirklichkeit, Schein und Sein oder Illusion und Realität berührt, also von technisch-virtuellen Verhältnissen, aber vor allem das Verhältnis zwischen Sichtbarem und Unsichtbarem, denn die Dinosaurier stellen schon vor dem Film ein Bild dar, das nun von ihm animiert wird, sie waren schon Produkt, bevor sie im Film und durch den Film als solches thematisiert werden. Der Film führt somit die historische Veränderung des Films, die neue Blickordnung und Wahrnehmungsform, die er gerade durchsetzt, selbst vor. Das ist der Moment, da der Animationsfilm den Dokumentarfilm abzulösen beginnt, da das Bild den Bezug zur Wirklichkeit verliert, nicht aber im Sinne einer Abbildung, sondern im Sinne einer Beziehung zum Blick, nicht zur Dauer, sondern zur Zeit, nicht ästhetisch, sondern gesellschaftlich. Diese Dinosaurier können nicht vergehen, nicht vergangen sein, weil sie nicht der Zeit angehören. Man kann die Dinosaurier erzeugen und anfassen. Die Inszenierung ihrer Authentizität im Film ist für die Einführung des informellen Bildes entscheidend. Die Kinder im Film streicheln die Dinosaurier; sie zeigen, dass sie »echt« sind. Während die Erwachsenen im Film mit ihren antiquierten Neurosen und Wertvorstellungen beschäftigt sind (im Grunde das alte Publikum des Kinos darstellen), werden die Kinder wie kleine Fachleute gezeigt, denen der Unterschied zwischen Film und Game, zwischen Kino und Fernsehen, virtuellem Bild und Wirklichkeit weder bewusst noch bedeutsam ist; sie kennen die Wahrnehmungsform nicht, die allein das Kino vorschlagen konnte; sie haben das Kino überwunden. Kindheit verfügt hier bereits über die subjektiven Skills, mit einer solchen veränderten Wirklichkeit zurechtzukommen; die Kinder wissen den Joystick versiert zu bedienen, naiv und kindlich sind die Erwachsenen. Es geht um einen Blick, dem nichts unmöglich ist.

Daney verwies auf den Zusammenhang zwischen dieser neuen Art eines informellen Bildes und dem Tourismus als Form der Wahrnehmung von Wirklichkeit: der problemlose Zugang zu jeder Realität für jedermann. Der Blick gleitet durch eine Wirklichkeit, die für ihn geschaffen wurde, die nur für ihn existiert, die sozial imprägniert ist, wie ein Reiseprospekt. Die Faszination des Kinos war es, eine ungesehene Wirklichkeit wahrzunehmen, indem man einen *anderen* Blick einnehmen *musste*. Hier hingegen wird bereits etwas *gezeigt*, bevor es überhaupt *sichtbar* geworden ist, ein Bild vor dem Bild. Gesellschaft beginnt sich im Film selbst zu betrachten. Man betrachtet das, was man kennt, eine Warenwelt, ein sozusagen unkadriertes, unkadrierbares, weil poröses Bild. Die Bilder, die Daneys Kritik hervorrufen, sind im sozialen, nicht im technischen Sinne »digital«. Auf einmal entstehen auch Filme, in denen Schauspieler auftauchen, die diesseits des Films schon aus der Werbung bekannt waren, wie zum Beispiel Andie MacDowell in Steven Soderberghs SEX, LIES, AND VIDEOTAPE (1989) oder Milla Jovovich später in den neunziger Jahren. Der Film ist der Themenpark, in dem die Wirklichkeit zum Abruf bereitsteht (auch wenn sie außer Kontrolle geraten kann). Das Geschenkartikelsortiment im Park reflektiert die Tatsache, dass ein solcher Film sich mittlerweile vor allem durch sein Merchandising vermarktet und refinanziert, dass also Produkt nicht mehr nur der Film selbst ist, sondern alles, was er zeigt, dass zwischen Produkt und Werbung, zwischen Film und Gesellschaft kein Unterschied mehr besteht, sondern eine ununterbrochene Wertschöpfungskette. Der Film stellt die Bildwelt dar von etwas, das außerhalb des Kinos verkauft wird: CDs und DVDs, Spielwaren, Bücher usw. Welf Kienast hat das an POKÉMON: THE

MOVIE (2000) gezeigt: Im Grunde ist der Film nur noch die Werbung für etwas jenseits von ihm, Teil einer Corporate Identity. Spielberg repräsentiert hier genau das, was Daney anlässlich des Films L'OURS (1988) von Annaud die »Autokonsumation der Gesellschaft« nannte: das Bild als Produkt, als Werbung für sich selbst. Das ist der »Kurzschluss«, den STRANGE DAYS thematisiert. Was sich in JURASSIC PARK ändert, ist nicht die Ästhetik des Films – das Erscheinen der Dinosaurier ist dem Erscheinen von King Kong im Kino nachempfunden –, sondern eine besondere Form der Sichtbarkeit, die der Film dem Kino verdankte und der KING KONG (1933) angehörte. Das dürfte historisch in etwa auch der Zeitpunkt gewesen sein, zu dem Filme im Kino auf einmal weniger einzuspielen begannen als durch die Auswertung um sie herum: die Werbezeiten und das Popcorn im Kino, die Spielwaren, Fernsehausstrahlungen und das Home Entertainment (während James Bond umgekehrt die perverse Logik des Kapitals verkörpert: Selbstvernichtung als Bedingung seines Selbsterhalts). Der Niedergang des Kinos kann streng genommen ästhetisch gar nicht begriffen werden, sondern nur gesellschaftlich und ökonomisch. Im Andauern von Kino hat sich der Ernstfall längst ereignet. Das Kino geht inmitten der Bilder zu Ende.

Das Kino hat auf solche Weise in seiner Geschichte immer wieder reflektiert, wie es Wirklichkeit zeigt, die Bedingungen, unter denen Wirklichkeit im Kino sichtbar wird für denjenigen, der schaut. Dies geschah nicht um der Form willen und nicht einmal als Form, sondern als Inszenierung des Blicks (Heide Schlüpmann hat das schon am frühen Film aufgezeigt), weil das Kino dem Zuschauer einen Hinweis darauf geben musste, wie es gesehen werden wollte und wie es zu verstehen war. Das Kino musste sich auf sich selbst beziehen, um seinen Wandel zu kommunizieren und das historisch-gesellschaftliche Verhältnis zwischen Abbildung und Wirklichkeit sowie zwischen Film und Publikum darzustellen. Das Kino versteckte in seinen Bildern Hinweise auf eine veränderte Realität und den Zugang zur Realität überhaupt. Das Kino war den Filmen als Raum der Wahrnehmung eingeschrieben, es reflektierte in seinen Formen das Verhältnis zum Zuschauer.

Spielberg wendet auch in JURASSIC PARK den unmöglichen Blick aus JAWS an, wenn er die Perspektive des Dinosauriers einnimmt. Aber in SCHINDLER'S LIST (1993), unmittelbar danach, ging er noch einen Schritt weiter. Während die kritische Beschäftigung mit der Shoah im Film bislang immer dadurch gekennzeichnet war, dass das Undenkbare als nicht darstellbar galt, dass das überlieferte Dokument nicht das Wahre, nicht die Enthüllung des Vergangenen selbst darstellte, sondern lediglich Spur oder Schrift des Vergangenen war – das zeigte Alain Resnais mit NUIT ET BROUILLARD (1955) –, macht Spielberg aus den Dokumenten das konkludente Bild des Vergangenen. Er »animiert« die Dokumente. Das Verfahren jedoch unterscheidet sich fundamental etwa von Art Spiegelmans Buch *Maus*, das eine Debatte darüber auslöste, ob man die Shoah als Comic darstellen dürfe; bei Spiegelman indes wurden die Dokumente nicht angetastet. Die unglaubliche Übertretung des Films besteht nicht darin, etwas zu zeigen, das man bislang nicht gezeigt hatte, sondern das Undenkbare als Dokument zu inszenieren und darin einen *unmöglichen Blick* einzuführen. Spielberg berief sich dabei immer wieder auf die Authentizität seiner Darstellung, die sich auch in der Handkamera abbilden soll, die simuliert, dabei gewesen zu sein. Alles war historisch belegt, alles dokumentiert, »authentisch«. Teilweise wurden sogar überlieferte Fotografien nachgestellt. Gleichzeitig blieb aber nichts mehr übrig von dem, was an der Shoah nicht dokumentierbar war. Das ist die entscheidende Verschiebung, die Spielberg vornimmt: Wahr ist auf einmal, was dokumentierbar ist, nicht das, was war, das Reale, das nicht dokumentierbar ist. Die Dokumente aber waren einst nur die authentische Spur des Undenkbaren. Wenn wahr nur noch das ist, was dokumentierbar ist, dann verliert der Film seine genuine Beziehung zum Verhältnis von Sichtbarem und Unsichtbarem, also zum Denken. Claude Lanzmanns Kritik an dem Film, die in *Le Monde* erschien, die Repräsentation der Shoah sei per se unmöglich, geht daher nicht weit genug. Godard sagt, Spielberg habe Auschwitz »rekonstruiert«. Spielberg hat der Shoah nicht nur ein mögliches »informelles« Bild verliehen, er hat eine neue Blickordnung eingeführt.

In der zentralen Szene des Films wendet er die Strategie des *unmöglichen Blicks* an: Auf einmal befindet man sich in der Gaskammer und erwartet im Dunkeln den sicheren Tod. Man hört die Angstschreie, man sieht das Weinen der Frauen (analog zur Frau, die am Anfang von JAWS vom Hai gefressen wird). Schließlich aber wird doch noch der Wasserhahn aufgedreht. Spielberg muss diese letzte mögliche Konsequenz mit dem Gas gar nicht eingehen, denn er hat die Möglichkeit schon eingeführt. Er war in der Gaskammer, er hat den Blick gezeigt, der das kann. Er muss sogar den Wasserhahn aufdrehen, um die unfassbare Macht dieses Blicks spürbar zu machen, eines Blicks, der töten kann. Das macht das Verfahren umso wirkungsvoller und zynischer: der Blick in der Gaskammer, der Blick des Hais, der Blick des Dinosauriers. Er könnte sich auch in die Gaskammer stellen und behaupten, dass hier keine Menschen vergast worden seien; das käme auf das Gleiche hinaus. Das Problem ist gar nicht, dass Spielberg zu viel zeigt oder Geschichte mit den Mitteln des Spielfilms, als Fiktion nachstellt, das haben andere vor ihm auch getan, das wurde schon anlässlich der Ausstrahlung der TV-Serie HOLOCAUST (1979) kritisiert, auch nicht, dass der Nationalsozialismus erneut als Willkürherrschaft dämonischer Täter und hilfloser (und vor allem sexualisierter weiblicher) Opfer und nicht als ein strukturelles Prinzip dargestellt wird (freilich mit der glanzvollen Ausnahme einzelner Helden), was schon an Liliana Cavanis THE NIGHT PORTER (1974) kritisiert worden ist. Spielberg inszeniert in einer Szene das Begehren des SS-Lagerführers Amon Göth gegenüber der nur leicht bekleideten jüdischen Angestellten Helene Hirsch. Das Entscheidende aber ist die Macht, die der Blick erhält: die Viktimisierung des weiblichen Körpers (wie in der »Gaskammer« gegenüber den nackten Frauenkörpern). Die Kamera hat die Frau schon vergewaltigt, bevor Göth es tut. Das war bereits die Strategie in Spielbergs erstem Spielfilm, DUEL (1971), in dem der Blick des Täters (des Lastwagenfahrers, der als Tötungsmaschine auftritt) eingenommen, dieser selbst aber gar nicht sichtbar wird. Spielberg steht ebenso unsichtbar an der Rampe, an der er selektiert, wer gefressen wird. In der Regel sind es diejenigen, die moralisch zweifelhaft sind und bestraft werden (die Frau, die am Anfang von JAWS vom Hai gefressen wird, stellt Spielberg als promiskuitives Hippiemädchen dar; ähnlich verfährt er auch in JURASSIC PARK). Ganz anders etwa Dario Argento, der in seinen Filmen den Tod stets als etwas zeigt, das niemals unserem moralischen Empfinden entsprechen wird. Der Zuschauer ist hier zu zweifacher Handlungslosigkeit verurteilt; weder kann er auf das Geschehen (im Film) einwirken, das sich ihm darbietet und seine Moral zutiefst verletzt, noch gelangt er in die Welt (jenseits des Films und außerhalb des Kinos) zurück, der diese Moral entstammt. Ebenso wie Spielberg mutet Argento uns zu, den Blick eines Mörders einzunehmen, zugleich aber zeigt er uns, niemals vielleicht eindringlicher als in OPERA (1987), den Blick desjenigen, der (gefesselt, die Augenlider fixiert) zur Tatenlosigkeit verurteilt dem Mörder bei seinen Taten zuschaut. Man schüttelt sich umsonst, die Augen können sich nicht schließen. Die Lust am Sehen ist prekär, weil passiv. Das Kino ist hier der wahre Horror, denn ich muss mit dem Blick eines anderen sehen; ich bin im doppelten Sinne ausgeliefert: mit *meinem Blick* und *im Anblick*.

Die gänzlich neuartige Erfahrung, die SCHINDLER'S LIST einführt, ist, das Denken auf das Mögliche und das Vergangene auf das Dokument zu reduzieren. Die britischen Dokumentaristen versuchten 1945 bei der Befreiung der Lager, die Situation möglichst unzweifelhaft zu bestimmen, indem sie vor der Kamera Ort und Zeit ihrer Dokumentation nannten, weil sie wussten, dass das, was war, nicht dokumentierbar ist, dass die Dokumente schweigen. Slavoj Žižek sagt, SCHINDLER'S LIST sei das »Remake« von JURASSIC PARK: Während Spielberg dort die Dinosaurier wiederbelebt, belebt er hier die Dokumente wieder, aber um den Preis, dass das Bild nur noch informell ist, nicht mehr der Zeit angehört. Das ist die Ambivalenz der »Befreiung« vom Tabu des Bilderverbots: Nur was gezeigt werden kann, hat existiert. Das Vergangene wird durch das Mögliche ersetzt. Das sogenannte Ende der Geschichte bestätigt sein Eintreffen im Verschwinden der Zeit. Das ist der Moment, da der Neonazi in Winfried Bonengels BERUF NEONAZI (1993) in der Gaskammer die Gaskammer leugnet. Rembert Hüser hat aufgezeigt, dass die deutsche Presse, die Spielbergs Film feierte, sehr wohl den neuen Geist verstanden hatte und die Shoah zu den Akten legen konnte.

Kino war niemals Inszenierung oder Als-ob (es appellierte nicht an meine Imagination, es war keine Illusion), ganz anders als Oper oder Theater. Es ist, da muss man Malcolm Le Grice widersprechen, weder ein »symbolischer Raum« noch eine »mythische Vergangenheit«. Das Kino war dieses andere Leben, in dem ich verschwand, das mich zu einem Wesen ohne Bildung machte. Im Kino kann und will ich mich nicht bilden (im Gegensatz zum Museum), im Gegenteil, in ihm will ich mich außerhalb der Gesellschaft stellen. Und das haben Kunst und Wissenschaft niemals am Kino verstanden: Kino war keine Fiktion (Illusion) und keine Abbildung (Dokumentation). Wenn der Film nur noch ein bewegtes Bild ist, das ich jederzeit individuell manipulieren kann, das mir also zu Diensten ist, dann tritt er in eine neue Ökonomie des Konsums ein, dem er sich im Kino gerade dadurch erfolgreich entzogen hatte, dass er mich zu einer fremdartigen, unzugänglichen und verbotenen Wahrnehmung gezwungen hat. Das begründet auch Daneys Vorbehalt gegenüber der Animation, der wohl weitgehend auf den engeren Bereich des gezeichneten Films einzuschränken ist, formuliert in einem seiner letzten Texte im Jahr 1992 in der vierten Ausgabe der von ihm gegründeten Filmzeitschrift *Trafic*. Niemals habe er sich, sagt er, die Filme Walt Disneys angeschaut. Da er vom Kino gefangen gewesen sei, habe er nicht durch Animation verführt werden müssen. Für ihn sei der gezeichnete Film immer etwas anderes als das Kino gewesen, vielleicht sogar dessen Feind. Mickey Mouse ist der Vorläufer von Spielbergs Dinosaurier, das erste unsterbliche Wesen des Kinos: unverletzbar und omnipotent, weil es nicht der Zeit angehört wie das Kino, das eine genuine Beziehung zum Tod besitzt durch die Zeit. Das ist ungefähr, was Siegfried Kracauer in seiner *Theorie des Films* gegen Disneys Animationsfilme vorbringt. Es ist nicht bekannt, ob Daney Kracauers Buch kannte. Doch genau wie dieser will er die *äußere Wirklichkeit* retten, das heißt das Verhältnis zwischen Sichtbarem und Unsichtbarem am Film, das, was ihn auf eine *andere Zeit* und das Denken bezog, auf Realität, nicht Subjektivität.

Wenn es einen Grund gab, über Film zu sprechen, dann diesen: der Empörung oder der Faszination über diese Verwandlung in ein vorsprachliches Leben Ausdruck zu verleihen, eine dem Grunde nach *ethische* und keineswegs *ästhetische* Haltung der Welt gegenüber.

Wenn im Theater die Inszenierung schlecht ist, kann man nach Hause gehen. Wenn im Kino die Inszenierung schlecht ist, kann man immer noch die Dinge betrachten, die der Zeit angehören. Insofern sind die »schlechten« Filme manchmal besser als die »guten«, weil sie nicht davon ablenken, die Welt wahrzunehmen, die in ihnen immer zu einem bestimmten Grad aufgehoben ist. Das Kino unterscheide von der Kunst, sagte Ludwig Wittgenstein, der gerne und oft ins Kino ging, »die Unbeteiligung des Geistes«. Das Kino ist der einzige Raum, der die Wahrnehmung eines anderen in meine Erinnerung verwandeln kann, in dem ich die Welt als Erinnerung wahrnehme (»My memory becomes a wilderness of elsewheres«, sagt der Künstler Robert Smithson in *A Cinematic Atopia*). Es berührt die Frage, wie ich leben will, leben kann, leben wollte. Es zwingt mich dazu, mich zu verhalten, es berührt meinen Glauben (das haben unter anderem Bergman, Bresson und Dreyer gezeigt). Kino, sagt der Filmemacher Pedro Costa, handelt davon, in der Welt zu sein. Roland Barthes erkennt in einem Film von William Wyler, dass sich die Trauer über den Tod seiner Mutter in den Film hinein verlängert: »*Je suis là.*« Dieses andere, alternative Leben, das der Film anbietet, erschließt sich allein durch das Kino, das keine Wahl lässt. Der Film wird im Kino vervollständigt durch den Wunsch, der Zeit zu ähneln.

Das Kinobuch von Gilles Deleuze handelt im Grunde ausschließlich von diesem einen großen Gedanken, dass die Filme Denkweisen entsprechen, individuellen Gehirnen, philosophischen Konzepten. Der Grundgedanke der Nouvelle Vague war eine Taxonomie der Wahrnehmung, eine Ethik der Autoren. Die Nouvelle Vague war Ausdruck der Notwendigkeit, über Film zu sprechen, weil man eine fremde Wahrnehmung gleichwohl *gemeinsam* hatte, weil sie *uns* adressierte und anging, weil man im Kino *allein* war und außen im Kollektiv, in der Welt und doch auf einem fernen Planeten. Man verließ das Kino und musste sprechen und die Welt verändern: nicht durch Bildung, nicht durch Form, sondern bewaffnet mit einer neuen Wahrnehmung. Nachdem man die Welt einmal anders gesehen und empfunden hatte, konnte sie nicht länger bleiben, wie sie war. Das bewirkte die hochgradig distinktive und auch sozialisierende Macht des Films, die Cinéphilie und Filmkritik eine Zeit lang sichtbar machten. Früher hat man die Welt durch das Kino betrachtet, heute kann man das jederzeit schneller und umfassender durch das Internet.

Film ist längst zu einem Freizeitangebot unter vielen geworden. Filmkritik, Berichte über Filmfestivals oder filmwissenschaftliche Texte dienen nur noch zur Verständigung unter wenigen und können kaum auf soziale Resonanz hoffen. Die Bedeutung von Filmkritik, die von der generellen Ohmacht der Wirkungslosigkeit gesellschaftlicher Kritik betroffen ist, schwindet in gleichem Maße wie das Kino als Auswertungsort von Film. Mit der Privatisierung der Filmrezeption geht der Sinn von Filmkritik verloren; denn Kritik verlangt nach einem Raum, in dem andere das, was man selbst wahrgenommen hat, unter ähnlichen Bedingungen und mehr oder weniger zur gleichen Zeit ebenfalls wahrgenommen haben. Kritik verlangt einen generellen gesellschaftlichen Konsens darüber, dass über eine äußere Wirklichkeit noch auf Grundlage eines gemeinsamen Wirklichkeitszugangs zu reden sei. Sobald aber eine Subjektivität auf den Plan tritt, die sich in ihrem Zugang zur und ihrer Wirkung auf Realität nicht mehr begrifflich und faktisch ausweisen muss, diese als manipulativ deklariert und Objektivität gleich mit kassiert, wird Kritik die Grundlage entzogen. Das Kino war der Zugang zu einer fremdartigen Wirklichkeit. Weil es an das Denken erinnerte, konnte man sich darüber auseinandersetzen, nicht weil dieses oder jenes gefiel; Kino war niemals so sehr eine Frage des

Geschmacks wie die Kunst. Fast unbemerkt verloren die Filme daher die Notwendigkeit, über sie zu sprechen, und den Grund, warum man, wie Jacques Rivette als Kritiker der *Cahiers du Cinéma*, in einer Kamerafahrt die *Einstellung* gegenüber der Welt erkennen konnte und wollte. Filmkritik verliert in dem Moment ihre gesellschaftliche Notwendigkeit, in dem sich der Film dem Wahrnehmungsmodus einer Freizeitindustrie angleicht, in der alles jederzeit individuell zugänglich ist. Cinéphilie war das Sagbare des Kinos, seine kritische Distinktion, seine Soziogenese; das bewahrte sie lange Zeit vor der Nostalgie, denn das Kino war in ihr zu Bewusstsein gekommen.

Nirgendwo vielleicht wird dies genauer und schöner benannt als Mitte der sechziger Jahre auf den Seiten von Georges Perecs *Les Choses*, in denen »das Kino mehr noch als eine Kunst, eine Selbstverständlichkeit war. [...] Es schien ihnen manchmal, als wären sie damit groß geworden und dass sie es besser verstünden, als irgendjemand vor ihnen es je zu verstehen vermocht hatte.« Die Illusion der Cinéphilie aber war, dass man die Welt durch das Kino erkennen könne (dabei war es eine Zeit lang darum gegangen, die Welt durch das Kino zu *verändern*). Cinéphilie war einmal die progressivste Haltung, die man gegenüber dem Kino einnehmen konnte, heute droht sie chauvinistisch zu werden, wenn sie keinen Begriff von Film *nach dem Kino* hat. Und darin ist sie weitgehend gescheitert, sieht man einmal von Serge Daney ab. Für Daney war der »Autor« derjenige, der uns vor der Gesellschaft und der Warenwelt rettet (und das bewahrt seinen Begriff des »Autors« vor einer Kanonisierung der Autoren), weil der Autor uns gewissermaßen immer etwas *zum ersten Mal* zeigt. Der »Autor« ist für Daney also kein Stil und keine »Handschrift«, sondern eine individuelle, einzigartige und randständige Sicht der Welt und des Zugangs zur Realität. So betrachtet ist der Blick des Kinos immer der Blick oder die Haltung *des Einzelnen* (und genau das verurteilt den Zuschauer im Kino zum *Alleinsein*). Deleuze behauptet am Schluss seines Kinobuches das Primat von Ästhetik und Autor gegenüber Ökonomie und Technologie, entdeckt aber zugleich das Aufkommen eines informellen Bildes, des Bildes als »Informationstafel« (»table d'information«). Er glaubt, dieses werde das Kino nicht ernsthaft gefährden, aber er hält es für denkbar: »Das elektronische Bild – also das Tele- oder Videobild, das im Entstehen begriffene digitale Bild – wird entweder zur Veränderung des Kinos oder zu seiner Ersetzung führen, die seinen Tod bedeutet.«

Den historischen Abstand vom Kino als Wahrnehmungsform von Film begreift man anhand zweier Filme, die den Star vollkommen unterschiedlich reflektieren. William Wylers ROMAN HOLIDAY (1953) zeigt Audrey Hepburn als ein Wesen, das dem Kino selbst angehört, das außerhalb des Kinos im wirklichen Leben nicht ankommen kann (so sehr es das vielleicht auch begehrt, was auch Thema des Films ist). Die Prinzessin lässt ihren sozialen Status hinter sich für ein anderes, dissidentes Leben, für einen Tag und eine Nacht in Rom und für die Dauer des Films. Der Star jedoch wird nicht Teil der gelebten Wirklichkeit, er bleibt entrückt; niemals wird er Teil eines realen Lebens sein. Der Film thematisiert den unauflösbaren Widerspruch zwischen der Welt des Kinos und der Warenwelt: dem Wesen des Kinos (Royalismus in der antiken Kulisse Roms) und der Ökonomie (hier in Form der aufkommenden Medienindustrie, die Gregory Peck als Boulevard-Journalist repräsentiert). Der Widerspruch wird am Ende nicht zugedeckt, sondern bleibt sichtbar im Melodrama. Im Melodrama bleibt die Unzugänglichkeit der Wirklichkeit, die uns das Kino vorführt, unaufgelöst. Melodrama ist niemals ein tragischer Konflikt von Verhältnissen, denen Menschen ausgeliefert sind, wie es das Theater zeigen kann, sondern ein apparatives Verhältnis, dem ich als Zuschauer ausgeliefert bin, ein Konflikt zwischen meiner ethischen Haltung und der Wirklichkeit des Kinos, zwischen dem, was ich sehe, und dem, was mich anblickt. Das Paar ist nur für die Dauer des Films vereint, für die Dauer einer *anderen* Zeit. Dagegen zeigt NOTTING HILL (1999) mehr als vierzig Jahre später nur den Widerspruch zwischen Arm und Reich und einen Star (Julia Roberts), der bereits Teil der Warenwelt ist, den also dem Wesen nach nichts anderes vom Publikum (Hugh Grant) unterscheidet als die soziale Klasse. Hier erweist sich lediglich als ein überbrückbarer sozialer Widerspruch, was dort ein unüberbrückbarer zwischen Film und Wirklichkeit, zwischen Kino und Leben war. Im Film wird bereits die historische Veränderung sichtbar, deren Ökonomie er gehorcht: Der Film wurde zu einer reinen Fiktion in dem Moment, in dem er aufhörte, Kino zu sein. Im Kino aber war der Film immer unversöhnlich mit einer Wirklichkeit, die ich außerhalb des Kinos vorfand. Das war der ungeheuerliche Zwischenraum zwischen Wahrnehmung und Handeln, der Schmerz über den Abstand zwischen Empfindung und Verstand. Die Fiktion im Film hat diesen Konflikt niemals verstellt, im Gegenteil. Die Wesen des Kinos fanden sich nicht in der Wirklichkeit wieder. Es war das Kino, das mir im Dunkeln eine unzugängliche, neuartige Welt vorstellte. Die Möglichkeit einer alternativen Wirklichkeit, das war das Stück Anarchismus im Kapitalismus, der unglaubliche Affront des Kinos gegenüber der Warenwelt, deren Teil es war. Mit dem Kino brachte Kulturindustrie einen arkadischen Ort hervor, in den ich mich sprachlos, unsichtbar, versunken rette, deponiert im Etui der Zeit.

FILMFESTIVALS ALS TEMPORÄRE MUSEEN

Es gibt Anzeichen dafür, dass sich Filmfestivals neben Fernsehen und Internet, die – wie ehemals die Datenträger VHS und DVD – eher dem privaten Gebrauch vorbehalten sind, zur wichtigsten öffentlichen Plattform für Filme entwickeln, also die traditionelle Funktion von Kino übernehmen werden. Während sie früher einen Marktplatz für Filme darstellten, also die Voraussetzungen für eine kommerzielle Verwertung von Filmen überhaupt erst schafften und nur eine vergleichsweise kleine Öffentlichkeit erreichen konnten, stellen sie jetzt eine relevante Öffentlichkeit her, werden also selbst zu einer Verwertung, oftmals zur einzigen. Man spricht von mehreren Tausend weltweit und allein über 120 in Deutschland. Der Autor und Produzent Stephen Fellows hat sich einmal die Mühe gemacht, sie zu zählen: »When I last studied the topic three years ago, I found 9,706 film festivals which had run at least once between 1998 and 2013, of which 2,954 had run in the previous two years.« Filmfestivals wie Berlin, Rotterdam und Toronto erreichen in wenigen Tagen Hunderttausende Zuschauer.

Doch man darf sich keine Illusionen machen: Auch auf den wenigen relevanten Filmmärkten der Welt finden nur wenige Filme Absatz. Wie dramatisch die Situation bereits ist, illustriert ein

Beispiel: Marco Müller hat als Leiter des Festivals in Venedig im Jahr 2008 die Gründung einer Stiftung zur Verstärkung von Vertriebsmaßnahmen für die Festivals in Cannes, Berlin und Venedig vorgeschlagen, da auch von diesen Festivals die meisten Filme nicht mehr ins Kino vermittelt werden können. Die *New York Times* kommt 2014 in einem Artikel über das Sundance Film Festival nicht nur zu dem Ergebnis, dass immer weniger Filme des Festivals eine kommerzielle Auswertung erfahren, sondern schätzt, dass von den mehr als viertausend eingereichten Filmen des Jahres im Nachhinein gerade einmal zwei Prozent ihr Investment einspielen. Selbst die Anzahl der Preisträgerfilme jener Festivals, die in die Kinos kamen, wurde zuletzt immer geringer und versiegte nahezu. Früher konnte man sich zumindest darauf verlassen, die auf Filmfestivals prämierten Filme einmal im Kino zu sehen.

Der US-amerikanische Filmproduzent Ted Hope schlug daher 2014 in seinem Blog vor, dass die Kinos Preisträgerfilme künftig nicht abhängig vom Verleih stark zeitversetzt spielen sollten, sondern unmittelbar nach den Filmfestivals, also genau dann, wenn Leute diese Filme sehen wollten; digitale Auswertung stelle die Möglichkeit dafür bereit. Ähnlich schrieb Urs Spörri 2017 auf *kino-zeit.de*: »Filmfestivals müssen als kommerzielle Auswertungsplattform anerkannt werden! Mit eigenen Auswertungswegen: Nach dem Festival wären die Möglichkeit des *day-and-date-release* (online zum Ende des Festivals) und gezielte Veranstaltungen an Off-Spielstätten sinnvoller als eine erzwungene Kinoauswertung, die weniger den Filmen selbst als den Verleihern und den Kinos nutzt.« Filme hingegen, die das Potenzial für den Kinomarkt besitzen – in der Regel Filme, die sich auf dem heimischen Markt, oftmals in den USA, amortisieren können –, benötigen Festivals nicht mehr; sie kommen nicht wegen der Festivals ins Kino. Wenn solche Filme irgendwo auf Festivals gezeigt werden, sind sie unmittelbar im Anschluss in diesem Land schon im Kino zu sehen oder werden bereits im Ausland gezeigt; sie müssen nicht erst entdeckt werden. Die Festivals sind nur noch das Vehikel für Extra-Reklame zum Filmstart. Auch der Prestigegewinn, der einmal mit der Aufführung oder Prämierung zumindest auf wichtigen Festivals einherging, scheint an Bedeutung verloren zu haben. Das heißt, der Begriff des Marktes selbst ist in die Krise geraten. Die Geschäfte werden mittlerweile an anderer Stelle gemacht, vor allem im Internet. Kino indes überlebt als Behauptung einer gesellschaftlichen Gebrauchsform. Es zelebriert sich anscheinend umso mehr, je geringer seine soziale Relevanz wird, etwa auf dem roten Teppich der großen Filmfestivals, bei Filmpremieren und wichtigen Preisverleihungen.

Der Film als Ware braucht keine Festivals und vielleicht sogar keine Kinos mehr. Die Filmfestivals durchlaufen einen Prozess hin zum klassischen Kulturangebot. Und das ist die historische Chance, dort endlich bessere Filme zu zeigen. Gerade aber in dem Moment, da die Filmfestivals eine neue Öffentlichkeit für jene Filme, für die kaum eine oder keine kommerzielle Perspektive besteht, behaupten könnten, verschwindet Öffentlichkeit, wie wir sie einmal verstanden haben. Das Kino hat, wie man den Zahlen entnehmen kann, kommerziell gesehen keine große Zukunft. Wenn sich also die kommerzielle Verwertung des Films vom Kino abwendet – und nichts deutet darauf hin, dass diese Entwicklung aufzuhalten wäre –, wo wird man Filme, mit denen kein Geschäft zu machen ist, noch sehen können; werden sie überhaupt noch entstehen? Es ist sehr wahrscheinlich, dass die gesamte traditionelle Auswertungskette von Film irgendwann zusammenbrechen wird. Nebenbei stellt sich die Frage, ob die Subventionen für die Kinowirtschaft künftig noch zu rechtfertigen sein werden. Das Kinosterben wird aber auch für die

Festivals empfindliche Folgen haben, denn wo und mit welcher Begründung können sie zu welchen Bedingungen noch stattfinden? Wie und warum sollten sie (neue) Filme erhalten, die man gar nicht mehr oder nur sehr eingeschränkt auswerten kann? Einige Filmfestivals haben bereits Probleme, Kinos und darin geeignete Säle mit entsprechender Vorführtechnik zu finden, da analoge Filmprojektoren zum Teil schon abgeschafft worden sind und geeignete digitale Vorführformate älterer Filme nicht immer zur Verfügung stehen. Wo und wie also Filmfestivals, die in der Lage wären, das Kino zu beerben, künftig noch abgehalten werden können, ist derzeit vollkommen unklar.

Filmfestivals geraten in die unvorhergesehene Rolle, eine kulturelle Verwertung von Filmen zu werden, für die es keine oder nur noch sehr beschränkte kommerzielle Perspektiven gibt. Zwar dienen sie auch weiterhin der konzentrierten Vermittlung von Inhalten; insofern stellen sie eine Ordnung in der Unübersichtlichkeit von Angeboten her. Ihrer ursprünglichen Aufgabe aber, Inhalte für andere Verwendungen zu vermitteln und somit als Markt zu fungieren, kommen sie nur noch ausnahmsweise nach. Mit der rapiden Zunahme von Filmfestivals und dem gleichzeitigen Bedeutungsverlust von Zielmärkten wie Fernsehen und Kino verlieren sie diese Funktion. Sie übernehmen heute eine Aufgabe, die (in Deutschland zumindest) einmal die Kommunalen Kinos und die Filmredaktionen des Fernsehens hatten: ein breites Publikum mit Filmkultur zu versorgen. Ohne die Filmfestivals (und wenige Filmmuseen) aber wäre Filmgeschichte öffentlich schon kaum mehr zugänglich (auch wenn deren Vermittlung hier in der Regel in stark kanonisierter und kanonisierender Weise geschieht).

Filmfestivals werden allmählich zur sozialen Installation, genuine Erfahrung von Kino in der Nestwärme des Kollektivs. Eine Studie der deutschen Filmförderanstalt aus dem Jahr 2015, die sogenannten »Kino-Sonderformen« gewidmet ist, verzeichnet im Bereich der Filmfestivals im Gegensatz zu den Kinoauswertungen einen erheblichen Zuwachs an Besucherzahlen, Vorführungen und auch Einnahmen. Der Zunahme der Filmfestivals entspricht gleichzeitig eine erhebliche Zunahme der Filme selbst. Immer mehr Filmen (und damit offenbar immer mehr Filmemachern, die von immer mehr Medienfabriken ausgespuckt werden) stehen immer weniger Auswertungsmöglichkeiten gegenüber. Angeblich vertrat Withoutabox, eine Einreichungs- und Sichtungsplattform für Filmfestivals, bis zum Jahr 2008 schon 125 000 Filmemacher gegenüber mehr als 2 000 Filmfestivals. Angesichts solcher Kontaktzahlen kaufte die Internet Movie Database (IMDb) das Portal für die unbestätigte Summe von drei Millionen US-Dollar. Filmfestivals sind zunehmend Ausdruck eines Widerspruchs zwischen der Masse von Filmen, die durch neue Technologien, forcierte Medienausbildung und anwachsende Filmförderung entstehen, und der Herausforderung, mit ihnen auch Geld zu verdienen. Daraus erwächst strukturell ein Legitimationsdefizit. Filmfestivals können Filmemachern heute kaum mehr bieten als die Vermittlung von Filmen an weitere Filmfestivals.

Offenbar kann die neue Macht des Internets und des individuellen Gebrauchs bewegter Bilder der Konjunktur der Filmfestivals bislang nichts oder kaum etwas anhaben, ganz abgesehen davon, dass natürlich auch im Internet viele neue Filmfestivals entstehen. Allerdings kann man hier definitorisch kaum noch von »Filmfestivals« sprechen, da Interaktion und Kommunikation in der Regel auf rein elektronischem Wege erfolgen; gemeinhin handelt es sich um »Votings«, Öffentlichkeit auf Knopfdruck. Die Begegnung mit Filmemachern oder Diskussion generell sind hier, wenn überhaupt, marginal. Auch die unterschiedliche Provenienz und materielle

»Textur« von Werken und Vorführformaten wird hier unterschiedslos zu einem einheitlichen digitalen (in der Regel komprimierten) Standard vereinheitlicht. All dies mag auch erklären, dass im Internet zwar die individuelle Nutzung von Download oder Streaming, ob legal oder illegal, wachsende Akzeptanz findet, die Verabredung auf Ort und Zeit jedoch nicht. Soziale Verabredung ist für ein Filmfestival konstitutiv und dem Internet doch eher wesensfremd. Das Internet adressiert individuelle Nutzung, auch wenn ständig von Vernetzung die Rede ist. Das Potenzial des Internets liegt eher darin, Werke für die individuelle Nutzung auch dann bereitzustellen, wenn diese im Fernsehen schon ausgestrahlt und auch auf Filmfestivals schon hie und da ausgewertet wurden. So bilden sich neuartige Parallelstrukturen aus in der Gleichzeitigkeit von gewerblichen und nicht-gewerblichen Formen der Auswertung von Filmen, ob im Internet oder auf herkömmlichen Wegen. Im Übrigen hat das Internet nicht unwesentlich zur Umlaufgeschwindigkeit von Filmen beigetragen, an der insbesondere auch Filmfestivals durch digitale Einreichplattformen und Sichtungsabläufe partizipieren. Filmfestivals beschleunigen den digitalen Verkehr der Werke bedeutend durch den Umstand, dass digitale Bilder, ob bewegt oder nicht, nahezu unbegrenzt gleichzeitig verfügbar sind durch »Links«, also dezentrale digitale Quellen, durch die Werke zirkulieren können, ohne als Dateien bewegt zu werden. Man darf annehmen, dass fast jeder neu produzierte Film irgendwann bei einem Filmfestival eingereicht wird.

Auch wenn die Vorteile des Internets bei der individuellen Nutzung von Bildern auf der Hand liegen, ist das gesellschaftliche Bedürfnis nach »realer« Kommunikation offenbar nicht versiegt, im Gegenteil. Es spricht sogar einiges für die noch bis vor Kurzem höchst unwahrscheinliche Erwartung, dass analoge und digitale

Auswertung, Auswertung auf Filmfestivals und im Internet noch eine ganze Weile koexistieren werden, ähnlich wie das bei der Musik der Fall ist. Freilich hat das eine nicht wie das andere gleichermaßen eine nachhaltige gesellschaftliche oder wirtschaftliche Perspektive, denn die Mehrzahl der Filmfestivals – darunter auch die größten – wird öffentlich subventioniert durchgeführt, also auch dann am Markt gehalten, wenn es längst keinen mehr gibt, an dem sich ein solches Angebot refinanzieren ließe. Die gewerbliche Zukunft des Films ist die von Ort und Zeit unabhängige individuelle Nutzung, der private Gebrauch.

Was die Filmfestivals nicht zeigen, wird in der Regel gar nicht mehr gezeigt, zumindest nicht mehr in gewerblicher Auswertung. Während Politik und Ministerialbürokratie oftmals noch am Leitbild von »Leuchtturmprojekten« und »Alleinstellungsmerkmalen« für Filmfestivals festhalten, um ihre Förderentscheidungen zu begründen, stellt die Realität bereits andere Aufgaben. »Alleinstellungsmerkmale« sind unter solchen Umständen kaum mehr zu erreichen, ja vielleicht sogar sinnlos geworden, ebenso wie der Kampf um Erstaufführungen und Preise, die Distinktion und Relevanz begründen sollen. Zugleich gibt die digitale Entwicklung – bei abnehmenden Reise- und Einkaufsbudgets für Filme im Fernsehen und an anderen Orten – Fachbesuchern Sichtungs- und Kommunikationsmöglichkeiten an die Hand, die einen Besuch von Filmfestivals immer weniger attraktiv machen. Wenn Filmfestivals nicht mehr Markt, sondern Forum sind, nicht mehr Orte des Tauschs, sondern Orte des Austauschs, nicht mehr Vermittlung, sondern Verwertung, was ist dann die Ertragsgrundlage für Filmemacher und Produzenten? Sollten Filmfestivals fortan für diese Verwertung zahlen? Da Filmfestivals in ihrer derzeitigen finanziellen Ausstattung auf einen solchen Fall nicht vorbereitet sind, wer übernimmt diese Leistung?

War die Etablierung von Filmfestivals ursprünglich im Wesentlichen durch klare Interessen der politischen Eliten gesteuert, waren die Festivals in (der Reihenfolge ihrer Gründung nach) Venedig, Cannes und Berlin noch ganz klar Bestandteil einer geopolitischen und zum Teil nationalistischen Agenda (mit Blick auf nationale Repräsentation, politische Vormachtstellung, touristische Aufwertung usw.), so wurde der Gedanke einer Versorgung einer breiteren oder auch nur lokalen Öffentlichkeit auch in abgelegenen Gebieten zunehmend bestimmend für die Gründung von Filmfestivals. Dies erklärt die zuweilen abwegig erscheinenden Orte. Oftmals waren oder sind die treibenden Kräfte hinter einer Gründung Einzelne, Filmliebhaber, die sich im Grunde selbst ein Forum basteln, freilich auch der Selbstdarstellung, und auf diesem Wege nicht-institutionelle und nicht-staatliche Zugänge offenhalten. Allzu viele Kenntnisse und Regeln sind dazu offenkundig nicht vonnöten, wie schon Reinhard W. Wolf resigniert feststellte, als er sich für *shortfilm.de* auf die Suche nach Benchmarks und verbindlichen Standards für Filmfestivals machte: »Die meisten verdienen diesen Namen nicht, viele arbeiten mit obskuren Reglements, manche gänzlich ohne Regeln und Geschäftsbedingungen.« Dass wirtschaftliche Motive bei der Gründung (und dem Erhalt) von Filmfestivals häufig eine nennenswerte Rolle gespielt hätten, darf bezweifelt werden, zumindest war den meisten strategischen Gründungen keine lange Lebensdauer beschieden, so Standortmarketing oder andere dezidiert wirtschaftlichen Motive ausschlaggebend gewesen waren. Selbst die Entstehung sogenannter Filmmärkte darf wohl eher als Marginalie angesehen werden oder kann eine bestimmte Relevanz allenfalls bei einer Handvoll Festivals behaupten. Dies ist leicht erklärbar durch die Tatsache, dass in Europa Filme mittlerweile fast ausschließlich mithilfe von Filmförderung und Fernsehanstalten entstehen (mit allen Problemen, die das mit sich bringt), also quasi vollständig öffentlich gefördert (und sei es mittelbar), und dass in den USA – und generell im Mainstreamkino, das sich global refinanzieren muss – schon seit jeher Strukturen bestehen, deren Marktlogik autonom funktioniert; zu unterschiedlich sind die gesellschaftlichen, kulturellen und wirtschaftlichen Bedingungen, unter denen Filme entstehen, ausgewertet und wahrgenommen werden.

Daher setzt sich zunehmend die Einsicht durch, dass Filmfestivals vor allem zur Entstehung eines symbolischen Kapitals beitragen; oftmals generiert erst die nicht-gewerbliche Zirkulation der Filme auf Filmfestivals einen Wert für die Filme, den sie unmittelbar gewerblich gar nicht erzielen können. Dies lässt ein künstliches Auswertungsszenario entstehen. Für die Filmwissenschaftlerin Marijke de Valck, die gemeinsam mit Dina Iordanova so etwas wie »Film Festival Studies« begründet hat, handelt es sich bei Filmfestivals vorwiegend um eine »cultural recognition of artifacts and artists that acquire cultural value in the process«. Daraus können fraglos mittelbar wirtschaftliche Effekte entstehen: für Ausbildung, Imagebildung, Marketing usw., durch den formalen Zugang zu Förderprogrammen, aber auch für den Fortbestand der Kommunikation von »Filmkultur«, in der sich gesellschaftliche Diskurse und Wertvorstellungen bis hin zur Kanonisierung ausbilden und erhalten. Auf den Filmfestivals, so scheint es, überwintert die Kunst im Film. In den sechziger Jahren entsteht durch eine kritische Öffentlichkeit, die sich am Kino sozialisierte, ein neuer Autorenbegriff, der Film allmählich zum klassischen Kulturangebot macht. Neuartige Ästhetiken und künstlerische Strategien erzwangen eine Neuformatierung der Präsentationsflächen. 1968 wurden, etwa in Cannes und Oberhausen, die Festivals abgebrochen oder standen kurz vor dem Abbruch; zugleich entstanden neue Festivalformate und Organisationsformen von Filmemachern (etwa in Hamburg und London), die den neuen Anforderungen besser gewachsen waren. Nationale Repräsentation, der Einfluss von (halb-)staatlichen Lobbygruppen, von Produktionsstudios oder Verleihern wurde zurückgedrängt und der Sinn von Wettbewerben unter künstlerischen Anliegen infrage gestellt. Schon 1967 in Knokke entstanden um das Kernstück des Wettbewerbs herum autonome Formate und Präsentationen mit Expanded Cinema, Performance und anderen Aktionen. Mit dem Autorenkino wurde ein neuer Künstlertypus gesellschaftlich nobilitiert (durch Cinéphilie, Buchpublikationen und Zeitschriften, Förderprogramme, Kulturpreise usw.), während die technologische Entwicklung (durch Fernsehen und Internet) und gesellschaftliche Entwicklung (insbesondere durch Deregulierung der Arbeitszeit und durch Veränderung des Freizeitverhaltens) zuletzt die wirtschaftliche Grundlage des Kinos erschütterten. Durch die Vervielfachung der Präsentationsflächen für Filme und den damit einhergehenden Distinktionsdruck konnten und mussten sich Filmfestivals vom Markt zur Marke entwickeln.

Die Realität der meisten Filmfestivals, die oftmals mit geringen Mitteln bestritten werden, in der Regel auf Kosten der Mitarbeiter und nicht zuletzt der Filmemacher, besteht in einer meist recht trostlosen Präsentation und Projektion und muss selbst als Symptom des Niedergangs von Kino angesehen werden, während große Filmfestivals mit ihrer neu erlangten Markenmacht, mit Ertüchtigungsformaten wie hauseigenen Filmförderprogrammen, Projektpitchings und Talentschuppen das ungeheuere Illusionspanorama einer angeblich wirtschaftlich agierenden »Filmbranche« schaffen. Diese trägt zuweilen neoimperialistische Züge, wie Simon Rothöhler 2011 im *Filmbulletin* kritisierte: »Die mitlaufende Marktpolitik gehorcht dabei nicht zuletzt den allgemeinen Gesetzen der Eventkultur.

Selektion und Branding greifen reibungslos ineinander [...]. Ein nicht unwesentliches Problem dabei ist, dass dies mit öffentlichen Geldern und begleitet von einer paternalistischen Rhetorik des Förderns und Ermöglichens geschieht, aber offenbar weitestgehend ohne kritisches Bewusstsein der postkolonialen Struktur der Gegenwart. [...] Die Festivalpolitik der Festivalakteure betreibt in erster Linie eigennützige ›Entwicklungshilfe‹, die sich nicht als Investition in den Aufbau prinzipiell autonomer lokaler Filmwirtschaften versteht, sondern als zentralistische Subvention für Filme mit ›Autorenhandschrift‹, deren eigentliche Adressaten westliche Festivalbesucher sind.« Der Impetus des Festivals als Marke ist stetige Expansion: immer größer, immer teurer, immer wichtiger. Der Filmkritiker Neil Young diagnostizierte 2014 in *Indiewire* am Beispiel Rotterdams eine Art Implosion großer Filmfestivals: »How many bad movies does it take to ruin a film festival?« Der Autor und Kurator Mark Peranson bezeichnet große Filmfestivals als dem Grunde nach politische Akteure: »Festivals here are seen as political actors, and by this I mean they are subjected to pressures from interest groups and that festivals exist in relation to each other, and, one could even argue, are in a constant struggle of power. In the course of this struggle, relationships of exploitation have come into place«. So verkommt Cinéphilie zum Herrschaftswissen und zur geschmäcklerischen Meinung. Solche Filmfestivals geben vor, Entdeckungen zu präsentieren, während sie in erster Linie nach geopolitischer Dominanz streben, teilweise erpresserisch. Den Niedergang der Cinéphilie kann man an der aktuellen Praxis vieler Filmfestivals aufzeigen. »What is left for the spectator, in this perspective, is a mere second-order cinephilia, presented on a plate, ready for consumption: a commodified mass cinephilia instead of privileged revelation«, wie Marijke de Valck feststellt.

Die wesentliche Gefahr besteht darin, dass die Filmfestivals nicht nur zum einzigen Auswertungshorizont bestimmter Filme werden, die man bereits treffend »Festivalfilme« nennt, sondern kaum merklich selbst beginnen, eine bestimmte Ästhetik zu generieren und durchzusetzen, irgendwo auf halber Strecke zwischen kanonisierender Cinéphilie und kulturwirtschaftlichem Standortmarketing, eine Ästhetik, die nichts riskiert und niemanden überfordert, also mit gerade einmal durchschnittlichen Ansprüchen weder das Publikum noch die Geldgeber vergrault, da sie in erster Linie für das Publikum Identifikations- und für die Geldgeber Repräsentationsflächen herstellt. So kann es zum Problem werden, wenn einer aus der Reihe des politischen Mittelstands tanzt und sich wie Lars von Trier seiner deutschen Wurzeln wegen in Cannes provokativ als »Nazi« bezeichnet. Die großen Filmfestivals sind gerade dabei, Film jenseits des Kinos als Branding neu zu erfinden: ästhetisch wie politisch stets korrekt. Zwar beklagt man in den Feuilletons mitunter, gerne anlässlich von Juryentscheidungen, die »Qualität« der Filme, beanstandet, dass in Berlin die Filme der lokalen Filmförderung überproportional häufig im Wettbewerb zu sehen sind oder in Rotterdam und Toronto die Interessen der Sponsoren ganz offenkundig vor denen des Publikums rangieren, aber im Grunde ist man mit einem System, das immer noch ausreichend Spektakel bietet, um die Berichterstattung in einem zunehmend prekären Medienmarkt noch halbwegs begründen zu können, recht einverstanden. Das Zürich Film Festival, einer der neueren Einfälle des Standortmarketings, hat mit der NZZ-Mediengruppe mittlerweile einen integrierten Medienkonzern als Eigentümer, der somit Inhalt und Charakter seiner Nachrichten gleich selbst gestaltet (und sich daher in Konkurrenz zu anderen Filmfestivals positioniert). Im Niedergang eines kritischen öffentlichen Diskurses über die Qualität von Filmen auch im Feuilleton gelten teilnehmende Stars und zahlende Zuschauer als ausreichende Qualitätskriterien. Das etabliert eine falsche Allianz zwischen Kritik und Festival, in der Maßstab der Dinge nicht mehr ästhetische Radikalität, sondern Aufrechterhaltung des äußeren Scheins und Erhalt des eigenen Seins ist. Solange die Besucherzahlen stimmen, die Stars nicht ausbleiben und der politische Mainstream bedient wird, ist für die »Filmbranche« alles super, beklagte Olaf Möller anlässlich seiner Bilanz der Berlinale 2015 im *Film Comment*: Mehr als eine Sozialdemokratisierung der Kultur, als ein »Berlin Republic event-movie Neoliberal Realism« sei hier gar nicht erwünscht. Auf vielen Filmfestivals werden Filmförderern, Fernsehanstalten und Interessensverbänden der »Filmbranche« nicht nur eigenständige Programme gewidmet wie anderen Sponsoren auch; diese sind oftmals sogar selbst unmittelbar oder mittelbar Förderer der Filmfestivals, die wiederum bemüht sind, den verschiedenen Interessen, die sich an sie richten, zu genügen. So werden die Filmfestivals nicht nur zu einem »Filter«, der eine unabhängige qualitative Orientierung in der Masse der Filme bietet, sondern zu einem institutionellen Ordnungsprinzip, das Mittelmaß als ästhetischen Standard etabliert.

Es könnte aber gerade Aufgabe der Filmfestivals sein, die kulturelle Praxis Kino mit ihrer spezifischen Wahrnehmungsform, die soziale Verabredung einer Schwellenerfahrung, aber auch die architektonische Besonderheit der Räume zu erhalten. Filmfestivals werden in Kinos abgehalten, deren Existenz gerade auf dem Spiel steht. Filmfestivals sind der Ort, wo Film sich erneuert, wo Alternativen, ästhetisch wie gesellschaftlich, im Bewusstsein gehalten und diskutiert werden. Insofern müsste die kulturpolitische Forderung lauten, Filmfestivals zu institutionalisieren und zu professionalisieren und mit einem neuen kulturpolitischen Auftrag zu versehen.

Die ästhetischen wie gesellschaftlichen Alternativen zu erhalten, sowohl gegenüber akademischen Lesarten als auch gegenüber den Konventionen des Kunstbetriebs, dem Bildungsmainstream oder der Individualisierung des Internets usw., erfordert Räume wie das Kino. Filmfestivals könnten das Kino einer geregelten Musealisierung zuführen, denn wir können uns jetzt entscheiden, ob der Markt das Kino als kulturelle Praxis abschafft, wie es mit dem analogen Film schon geschehen ist, oder ob wir selbst die historische Gestalt und Vielfalt von Kino und Filmformaten verstehen, überliefern und gestalten wollen. Das bedeutet nicht notwendigerweise, dass wir mehr Filmfestivals benötigen. Kulturförderer aber müssen begreifen, dass sie Kino wahrscheinlich nur in, mit und durch Filmfestivals werden retten können. Das Problem solcher kulturpolitischen Forderungen ist allerdings stets die im Grunde erschreckende Aussicht auf das durchgesetzt Richtige, das Ende jedweder unregulierten Existenz in quasi-staatlichen schulmeisternden Kulturzoos. Gegenüber der Ökonomisierung des Kinos aber erscheint der Pakt mit der Kulturpolitik allemal als das geringere Übel, als Chance, Zeit zu gewinnen.

Die Voraussetzung für eine substanzielle Veränderung ist ein Bewusstseinswandel bei den Kulturförderern und vor allem im Kunstbetrieb: dass Kino ein Ort mit besonderen architektonischen, sozialen und technischen Anforderungen und Voraussetzungen ist. Es stellt sich also unter anderem die Frage, ob man ein Programm mit Experimentalfilmen lieber in einem Kinofoyer mit dreihundert Leuten zeigt als im Kino selbst, in dem nur dreißig dieselben Filme sehen wollen, kurz, ob man bereit ist aufzugeben, was denselben Film im Kino *anders* sein und wirken lässt. »Kulturelle Bildung«, mit der Kulturförderung Sozialpolitik auf Kosten der Kunst zu machen versucht (und Kunst dabei soziale Funktion und reale Wirkung verspricht), muss eine Idee davon entwickeln, wo und wie man das riesige künstlerische Erbe des Films zugänglich halten und vermitteln kann. Man kann nicht erwarten, dass Leute ins Kino oder in die Oper gehen, wenn sie nie gelernt haben, ein Kino oder eine Oper zu betreten. Hat sie einmal ihre wirtschaftliche Relevanz verloren, muss eine kulturelle Praxis nicht nur gelehrt und gelernt, sondern erlebt und weiterentwickelt werden. Fraglos muss man dabei den Begriff *Kino* historisieren, denn er verweist stets auf eine unterschiedliche *soziale Praxis*, Film zu zeigen und zu sehen.

Dazu gehört auch eine Vorstellung von einem neuartigen Vergütungssystem für Filmemacher, das Ausdruck der veränderten Situation ist. Es gibt heute keinen hinreichenden Grund mehr für Filmemacher, unbezahlt an Wettbewerben teilzunehmen, wenn dies keine realistische Erwartung einer kommerziellen Auswertung im Nachhinein begründen kann. Freilich können sie auf dem einzelnen Festival keine großen Einnahmen erzielen, in der möglichen Summe jedoch sehr wohl. Fraglos wäre die Umlegung von Preisgeldern nur ein behelfsmäßiges Mittel auf dem Weg zu einem neuen Auswertungs- und Refinanzierungsmodell im Rahmen der Festivals. Die Kapitalisierung des neuen Systems könnte durch eine Anpassung der Abgabenmodelle für kommerzielle digitale Verwertungen von Filmen, etwa durch eine Kultur-Flatrate, und eine grundlegende Umstellung von Filmförderung erfolgen, wenn die Teilnahme an Festivals in höherem Maße als förderwürdig angesehen wäre. Das gesamte Leitbild von Filmförderung muss überprüft werden. Filmfestivals, zumindest im europäischen Kontext, könnten Bestandteil des Förder- und Refinanzierungskreislaufes von Filmen werden. Das Filmfördergesetz in Deutschland sieht bereits vor, dass ab einer bestimmten Anzahl von Festivalteilnahmen oder -preisen Zugang zu Fördermitteln besteht. Insofern werden die Filmemacher mittelbar honoriert. Doch das

System geht noch lange nicht weit genug. Es wäre sinnvoll, aus Festivalteilnahmen oder -preisen neben der Förderung durch Gremien oder Jurys eine gleichgewichtige zweite Säule der Filmförderung zu etablieren, einen erfolgsabhängigen Automatismus der Förderung, der Filmemachern eine neue Unabhängigkeit von den Fernsehanstalten und der Kinowirtschaft verschaffen könnte; denn wirtschaftlich gesehen ist es nicht vertretbar, eine kommerzielle Kinostruktur durch Subventionen künstlich am Leben zu erhalten, und kulturell schon gar nicht, betrachtet man deren Programmangebot.

»Das Kino allein deshalb zu fördern, weil das Kino kulturell wichtig ist, halte ich allerdings für eine etwas zu platte Begründung. Es geht hier um eine grundsätzliche Frage der Kulturpolitik«, sagt der Stadtplaner Ralf Ebert. Kino kann nur überleben, wenn einzelne Kinos als besondere Veranstaltungsorte ausgebaut werden, die auch Festivals und anderen kulturellen Veranstaltungen dienen können, wenn Kino zu einem Ort wird, wie man ihn heute schon selbstverständlich für die zeitgenössische Kunst erwartet: zu einem Museum, das dem Zugriff des Marktes enthoben ist; nicht in erster Linie zu einer Aufbewahrungsanstalt für das Vergangene, sondern zu einem *temporären Museum* der bewegten Bilder, einem Museum des künstlerischen Films, der sozialen und intellektuellen Interaktion. Ein Schild am Eingang des Österreichischen Filmmuseums in Wien erklärt den Besuchern, was sie erwartet: »Die Ausstellungen finden auf der Leinwand statt.« Kino wird nur als Museum überleben können, auch wenn aus ihm gerade noch der letzte Cent gepresst wird. Das temporäre Museum ist der Ort, wo für das Kino eine alternative Wahrnehmung und ein besonderer sozialer Raum behauptet wird. Es versteht sich daher nicht als dem Kunstmuseum entgegengesetzt und auch nicht als Übertragung des Kinos auf das Museum; es ist seine Weiterentwicklung als Programm, als eine

Abfolge reproduzierbarer Werke unter Bedingungen, die durch das Kino hindurchgegangen sind. Das Zusammenstellen von Filmen – im Kunstbetrieb, wo man dies als einen Beruf ansieht – ist keine künstlerische Strategie, es macht eine solche allenfalls sichtbar. Was das Kino von Museum und Kunstbetrieb lernen kann, sind unter anderem Intellektualisierung und Intimität im Umgang mit Werk und Künstler. Was aber Museum und Kunstbetrieb vom Kino lernen können, ist eine randständige apparative Wahrnehmungsform, die allein dem Kino angehört.

Bislang werden Kinos oder geeignete Vorführräume in Museen oft nur als Nebenschauplatz der Ausstellung behandelt oder im Gegenteil und schlimmer noch als abgetrennte, im Grunde wirtschaftlich ausgerichtete Abspielstätten für Film, »Arthouse«; entsprechend katastrophal sind dort häufig die Standards von kuratorischer Betreuung und Vorführung. Wenn Museen neu gebaut oder umgebaut werden, wird an dieser Stelle oft zuerst gespart. Nur wenige Museen haben die Idee eines Kinos als genuiner Bestandteil musealer Praxis auch nur im Ansatz zu realisieren versucht oder vermocht. Doch es gibt sie. Film- und Kunstkuratoren arbeiten an Museen häufig noch getrennt, mit unterschiedlichen Etats und Möglichkeiten ausgestattet, und adressieren auch ein unterschiedliches Publikum. Je größer das Museum, desto schärfer die Trennung. Wenn der Film in die Ausstellung darf, dann zu Bedingungen des Kunstbetriebs. Wenn die Kunst ins Kino darf, dann zur Illustration der Ausstellung. Kino und Museum bleiben getrennt und in ihrer Verbindung noch weitgehend unverstanden, ästhetisch, architektonisch, strukturell wie technisch. Ein temporäres Museum dagegen müsste die Abfolge von bewegten Bildern, ihre Hängung in der Dauer, den Zwang zur Wahrnehmung des Kinos wie des Programms als Bestandteil der Ausstellung selbst begreifen, also durchaus im

Verbund mit dem Kunstbetrieb. So gesehen ist Kino als gesellschaftliche Wahrnehmungsform nicht durch das Kino als kommerziellen Auswertungsort zu retten. Die Idee eines temporären Museums ist die Konsequenz aus der Krise des Kinos als Auswertungsort für Film und der mitunter kaum angemessenen Präsentation von Filmen im zeitgenössischen Kunstbetrieb. Daran gemessen scheitern Kino und Filmfestival gegenwärtig ebenso wie das Museum. Es gelingt ihnen nur selten, der konsumistischen Individualisierung des Einzelnen, der im Kinosaal ebenso isoliert und von einem möglichen intellektuellen Prozess mit anderen getrennt ist wie in einer gewöhnlichen Kunstausstellung, eine neue soziale Verabredung entgegenzusetzen. Neu ist nicht, dass man über eine Neuformulierung von Kino nachdenkt (wie man Kino attraktiver für ein Publikum macht) – das geschieht seit der Krise des Kinos als Auswertungsort –, sondern dass man über eine Rettung der gesellschaftlichen Wahrnehmungsform Kino unabhängig von einer Amortisierung der Filme nachdenkt.

Der britische Kurator Ian White zum Beispiel machte einmal mit Blick auf Filme bewusst reduktionistisch und polemisch die Frage, ob das Museum versage (»Does the museum fail?«), zum Titel einer Podiumsveranstaltung und löste damit nervöse Reaktionen im Kunstbetrieb aus, schließlich müsse man unterscheiden, ob das einzelne Museum, der einzelne Kurator scheitere oder die gesamte Institution, was natürlich nicht der Fall sei. Natürlich scheitert nicht *das* Museum, nicht *das* Filmfestival, nicht *das* Kino; natürlich gibt es gute und schlechte Kunst, gute und schlechte kuratorische Entscheidungen, gute und schlechte Präsentation; gleichwohl wird man die meisten Ausstellungen, Galerien und Museen ebenso wenig als geglückte Beispiele der Darbietung von Filmen ansehen können wie das Kino in seiner gegenwärtigen Verfassung, das mit vielen

Subventionen überlebt, oder gar die Mehrzahl der Filmfestivals, die sich der Krise des Kinos niemals mit der Frage gestellt haben, wie ein Filmfestival *nach dem Kino* aussehen könnte.

Ein temporäres Museum benötigt einen neuartigen, multifunktionalen Ort, der allein nach künstlerischen Motiven gestaltet wird: zugleich Ausstellungsraum, Bibliothek, Café oder Restaurant (wo in der Regel der künstlerische Anspruch spätestens endet), Kino, Konzertsaal, Künstlerstudio und vieles andere mehr – einen im Wesentlichen *transitorischen* Raum, einen Raum, der sich mit den Menschen, die ihn nutzen, und den Verhältnissen wandelt. Einige wenige Museen, Kinematheken und Filmmuseen versuchen dies bereits, mit freilich beträchtlichem Kosten- und Vermittlungsaufwand, immer mit dem Risiko einer allzu großen Staatsnähe, immer mit dem Risiko, eine kulturelle Praxis auf kulturwirtschaftliche Umwegrentabilität in bildungsbürgerlichen Mehrzweckhallen zu reduzieren und Kino nostalgisch zu verklären. Jede kulturelle Praxis, die sich musealisiert, das gilt für das Kino ebenso wie für die Oper, ist natürlich hochgradig gefährdet, sozial zu erstarren. Mit der Musealisierung ihrer Räume geht immer die Gefahr einher, dass eine Kunstform ihre gesellschaftliche Bedeutung einbüßt. Doch weder die darstellenden Künste, die derzeit rund die Hälfte aller öffentlichen Kultursubventionen beanspruchen und doch schon große Teile ihres bürgerlichen Publikums verloren haben, noch das Kino, das von vielleicht noch weitaus dramatischeren Einbußen beim Publikum betroffen ist, müssen unter der Bedingung ihrer Musealisierung notwendigerweise ihre gesellschaftliche Relevanz verlieren, die sie ökonomisch längst verloren haben. Musealisierung bedeutet zunächst nur, dass die Kosten für die Gesellschaft die in ihr bestehende Nachfrage ökonomisch erkennbar übersteigen. Das temporäre Museum ist der Ort, an dem eine alternative Wahrnehmung von Wirklichkeit historisch möglich wurde und sich behauptet hat gegen jede wirtschaftliche Effizienz der Filme, an dem man sich vor dem Kaufzwang rettet, ein klandestiner Raum, für eine Dauer, die manchmal unendlich erscheinen kann und auch ein wenig abwegig. Dieser Prozess benötigt das Kino. Kino behauptet eine Unterbrechung des gegenwärtigen gesellschaftlichen Sinns. So gesehen ist der Niedergang des Kinos als Teil eines industriellen Verwertungszusammenhangs von Film nicht die eigentliche Bedrohung, weil künstlerische, gute und schlechte Filme auch weiterhin entstehen und anderswo ihr Publikum finden werden. Die Bedrohung ist der mögliche Verlust einer Wahrnehmungsform, die allein das Kino bieten kann und die sich in den Festivals neu formulieren könnte.

Wird aber künftig überhaupt noch Bedarf an Festivals bestehen? Filme werden mit der fortschreitenden Konvergenz von Fernsehen, Telekommunikation und Internet wahrscheinlich überwiegend auf elektronischem Wege verfügbar sein und gesehen werden. DVD und ihre Weiterentwickelungen verschwinden bereits vom Markt. Sind also Filmfestivals selbst schon ein Anachronismus? Im September 2011 veröffentlichte *die tageszeitung* eine Umfrage zur Beliebtheit von Filmfestivals und der Berichterstattung über sie. Gerade einmal elf Prozent der Befragten fanden Filmfestivals interessant und die Berichterstattung darüber lesenswert; der Rest fand beides oberflächlich und unnötig. Das Ergebnis benennt eine gesellschaftliche Entwicklung, in der Film und Kino neben anderen Künsten und kulturellen Orten stark an sozialer Bedeutung verloren haben, in der Film und Kino weniger diskursiv, distinktiv und sozialisierend wirken als vor dem Aufkommen des Internets. Technologie konditioniert die Freizeitgesellschaft auf neue Ökonomien. Die Begründungen, die man für Filmfestivals heute geben kann, unterscheiden sich daher von den Begründungen, die man zu einer Zeit gegeben hat, in der wir das Internet noch nicht kannten: Filmfestivals halten ästhetische und soziale Alternativen im gesellschaftlichen Raum virulent und tragen zur Ausdifferenzierung ästhetischer Kriterien bei. Sie helfen, künstlerische und wissenschaftliche sowie generell gesellschaftliche Anliegen aufeinander zu beziehen. Sie wirken der Individualisierung der Rezeption entgegen. Und sie behaupten Kino als alternative Wahrnehmungsform gegenüber dem vom Quotendruck korrumpierten Fernsehen, einer verschulten Universität und der *Konvention Kino* selbst in ihrer gegenwärtigen deprimierenden Verfassung. Vermutlich wird auch weiterhin, zumindest für ein bestimmtes Publikum, Bedarf an den wesentlichen Angeboten von Filmfestivals bestehen, daran, Filme zu entdecken, sowie an einem gut projizierten Bild, kollektiver Wahrnehmung, Qualität der Auswahl, thematischer Ordnung, Austausch und Diskussion. Sicher kann man nicht sein, sicher ist aber: Wenn es den Filmfestivals nicht gelingt, einen sozialen Mehrwert plausibel zu formulieren, werden sie verzichtbar. Ein gutes Filmfestival ist wie eine jener Buchhandlungen, in denen man am Ende etwas kauft, das man nicht gesucht hat. Man geht mit Erwartungen hinein und kommt mit Erfahrungen heraus, bekommt etwas anderes, als man erwartet hat. Der langjährige Leiter der Cinémathèque royale de Belgique in Brüssel und der legendären Filmschau EXPRMENTL in Knokke-Le Zoute, Jacques Ledoux, sagte, das Konzept seines Festivals seien: 1. Filmprogramme, 2. Programme ohne Filme und 3. das Unvorhergesehene, das aus 1. und 2. resultiere.

DER ZWANG ZUR WAHRNEHMUNG

Der Niedergang des Autorenfilms im Kino und die Abschöpfung von Autoren durch den Kunstbetrieb gingen nahezu zeitgleich vor sich, weil Künstler in einem durch Fernsehen und Filmförderlogik bestimmten System mit ihren Filmen kaum wirtschaftlich überleben können und weil auch es versäumt wurde, rechtzeitig über die Zukunft von Film und Filmförderung nach dem Bedeutungsverlust des Kinos nachzudenken und somit alternative Auswertungsformen für künstlerische Filme zu entwickeln und zu fördern. Noch immer wird in den Richtlinien der Filmförderer geregelt, dass ein Film für das Kino bestimmt sei (und auch daran gemessen, ob er das schafft, egal um welchen Preis und wie unsinnig es auch ist). Das ist eine angesichts der realen gesellschaftlichen und wirtschaftlichen Verhältnisse weltfremde Sichtweise, die (zumindest derzeit noch) im (kommerziellen) Interesse der Kinowirtschaft und keineswegs im Interesse der kulturellen Praxis Kino aufrechterhalten wird. Von »Filmkunst« wird überall dort gerne gesprochen, wo es die Subventionen für die Film- und Fernsehwirtschaft – allein in Deutschland sollen es im Jahr 2015 um die 250 Millionen Euro gewesen sein – zu nutzen und zu rechtfertigen gilt.

Die bescheidene künstlerische (und wirtschaftliche) Bilanz des europäischen Films im internationalen Vergleich ist die Quittung für eine Filmförderpolitik, die eine mächtige Lobby der Film- und Fernsehwirtschaft alimentiert und an einer Nivellierung der Extreme interessiert ist. Die aktuelle Förderpraxis erscheint im Rückblick auf die Motivationen und Hintergründe der Entstehung von Filmförderung eindeutig als Fehlentwicklung. Filmförderung wurde in den sechziger Jahren gegen das überwiegend muffige Nachkriegskino hart erkämpft. Sie sollte insbesondere solche Filme entstehen lassen, die wegen ihrer künstlerischen Anliegen sich gar nicht als wirtschaftlich erweisen konnten. Mittlerweile haben die Akteure, die sich einmal auf einem Markt haben beweisen müssen und beweisen sollten, weil sie gewerbliche Interessen mit massenkompatiblen Filmen verfolgen, all jene weitgehend vom Zugang zu Fördermittel verdrängt, für die Filmförderung einmal bestimmt war, und lassen sich ihre Produktionen nun einfachheitshalber gleich risikolos von Filmförderung alimentieren. »Filmwirtschaft« ist daher nicht nur wesentlich abhängig von Subvention, sie verdient vor allem an der Subvention. Zweck von Filmförderung war aber nicht, Markt zu ersetzen, sondern künstlerische Qualität gegenüber dem Markt zu behaupten. Das Fernsehen übt derzeit umfassenden Einfluss aus auf ein Produkt, das es nur zu geringem Anteil finanziert. Selbst das wirtschaftsnahe *Handelsblatt* kommt zu dem Schluss, dass die Sendeanstalten Filmförderung benutzten, um an staatliche Gelder zu gelangen. Höchst anspruchsvolle Anliegen, die auf Fernsehgelder nicht hoffen dürfen, weil sie im Fernsehen keine Chance auf Auswertung hätten, haben somit kaum Aussichten auf Förderung. Ein solches System, welches eher am gesicherten Vorteil von einigen denn an einem Wettbewerb um die beste Qualität unter allen interessiert ist, neigt dazu, eine Diktatur des Mittelmaßes zu errichten.

Es bestätigt sich in seinen eigenen Strukturen und Wertvorstellungen unablässig selbst und immunisiert sich gegen Risiken – gegen das Unkalkulierbare ebenso wie gegen den kalkulierten Affront. Ein solches System verhindert die Entwicklung neuer Produktions- und Vertriebswege von Film, die Ansprache von neuen Zuschauergruppen und vor allem die Entwicklung neuer filmischer Formen selbst. Das System zementiert im Interesse der Besitzstände von Fernsehanstalten, Förderern, wenigen Produzenten, Verleihern und Kinoketten eine Allianz des kleinsten gemeinsamen Nenners. Es zielt auf den eigenen Erhalt, nicht auf bessere Filme. Es gehört zum Jargon der »Filmbranche«, dass Kultur und Wirtschaft »zwei Seiten einer Medaille« darstellten. Freilich ist weder vom einen noch vom anderen viel übrig geblieben. Klarheit über Erfolgsparameter oder die Definition von Kriterien für wirtschaftlichen oder künstlerischen Erfolg liegen auch in niemandes Interesse, denn hier wird ein System unterhalten, das unablässig produzieren, sich aber niemals legitimieren muss. Das Interesse an der Kultur geht also nur so weit, wie es der Rechtfertigung von Interessen dient, die man am Ergebnis gemessen »kulturell« kaum nennen kann. Filmförderung produziert somit ein systemisches Problem, nicht nur weil sie einen Markt, der regulieren müsste, wer auf ihm erfolgreich ist und wer nicht, abschafft, sondern, viel schlimmer noch, Realisierung und Auswertung von künstlerischen Anliegen, die auf einem Markt nicht bestehen können, und damit Entwicklung und Erneuerung gar nicht mehr zulässt. Der Filmkritiker Peter W. Jansen berichtete, dass dem jungen Wim Wenders auf einer Sitzung des Kuratoriums junger deutscher Film die Förderung allein auf Grundlage des von ihm eingereichten Handke-Romans *Die Angst des Torwarts beim Elfmeter* zugesprochen wurde. Offenbar gingen Gremien in den Anfangsjahren der Filmförderung noch künstlerische Risiken ein, ohne ausgearbeitete Drehbücher, bekannte Namen und andere Sicherheiten zu verlangen.

Filmförderung in ihrer aktuellen Verfassung in Europa widerspricht nicht nur ihrem historischen Auftrag, sondern schafft für den Fortbestand von Kino, das aktuell keinerlei wirtschaftliche Perspektive mehr besitzt, ein künstliches Milieu, ohne aber künstlerische Impulse für das Kino zu erlauben. Einen Markt für (europäische) Filme gibt es nicht mehr in dem Sinne, dass sich Filme im Kino (also durch den Verkauf von Eintrittskarten) refinanzieren ließen. Kino wurde zum wirtschaftlichen Schattenspiel, zum »Staatskino«, wie der Filmemacher Klaus Lemke sagt, während sich das Fernsehen einen wesentlichen Teil seines Angebots durch Filmförderung finanzieren lässt. Lemke hat angesichts der Verhältnisse einen radikalen Schluss gezogen: Er finanziert seine Filme mit geringen Mitteln ohne Filmförderung (ohne Einfluss von Fernsehanstalten, Verleihern usw.) vor und behält vollständige Kontrolle über das Ergebnis. Er weist damit den Weg einer Rückkehr von einer Nachfrage- zu einer Angebotsstruktur, die allein künstlerische Qualität garantieren kann. Wie Christo glaubt Lemke, nur das eigene Geld garantiere künstlerische Autonomie.

Die Kunst im Film findet längst jenseits des Kinos statt. Während die Anerkennung des Films als Kunstform, zumindest auf Fernsehen und Kino bezogen, als weithin misslungen angesehen werden muss, hat der Kunstbetrieb seit etwa Mitte der neunziger Jahre eine ganz erhebliche Anzahl von Filmen angesichts der zum Teil beklagenswerten künstlerischen Verfassung von Fernseh-, Kino- und Filmfestivalprogrammen und der trostlosen Umstände, unter denen man die Filme dort sehen kann, marktfähig gemacht mit dem Versprechen einer »Befreiung von der Formatierung des Kinos« (Jan Verwoert). Der Kunstbetrieb verspricht Filmemachern eine neue Aufmerksamkeit und Exklusivität und löst dies zum Teil auch ein. Jeder Kurzfilm hat auf einer Großausstellung heute schon weitaus mehr Zuschauer, genießt eine größere Wertschätzung, als er im Kino jemals hätte erreichen können. Diese Aufwertung ist genuiner Bestandteil der Wertschöpfungslogik des Systems Kunst. Neben der Mehrzahl von Künstlern, die mit ihren Filmen auch im Kunstbetrieb nur ein Nischendasein führen, stehen wenige, die international Anerkennung und ein erkleckliches Auskommen finden. Dass Filmemacher allein von Preisgeldern und Leihmieten einigermaßen leben konnten, war immer schon die Ausnahme. Die meisten refinanzieren ihre Filme über Lehrtätigkeit und leben prekär. Erst als Künstler wie Nam June Paik, die mit Video experimentierten, skulpturaler zu arbeiten begannen, entwickelte sich ihr Marktwert im Kunstbetrieb. Nur wenigen Künstlern, die mit Film arbeiteten, war dort Erfolg beschert. Kurt Kren etwa schlug sich in den USA jahrelang als Museumsaufseher durch und lebte schließlich bis zu seinem Tod von der Unterstützung des österreichischen Staates. Eine Vielzahl von künstlerischen Filmen verbucht beachtliche Erfolge auf Filmfestivals, findet also dort ein spezifisches Publikum und im Vergleich zur Kinoauswertung hin und wieder eine sogar nicht unerhebliche Öffentlichkeit, partizipiert aber zugleich kaum oder gar nicht an einem von Lobbyinteressen bestimmten Fördersystem, das auf eine Auswertung in Kino und Fernsehen ausgerichtet ist, die zwar selbst nicht wirtschaftlich ist, aber wirtschaftlich dirigiert. Es bleibt daher eine Ausnahme und Starkünstlern wie Matthew Barney mit DRAWING RESTRAINT 9 (2005) oder Steve McQueen mit HUNGER (2008) vorbehalten, mithilfe von Filmfördermitteln, relevanten Budgets und sogar mit gewissem Erfolg lange Spielfilme gleichermaßen auf Filmfestivals wie im Kino zu zeigen. Im deutschsprachigen Raum war dieser Erfolg bildenden Künstlern wie Rebecca Horn mit BUSTER'S BEDROOM (1990) oder Pipilotti Rist mit PEPPERMINTA (2009) nicht beschieden.

Zugleich erleben Filmemacher, die zum Teil bereits jahrzehntelang künstlerisch tätig waren, in einem durchaus heterogenen und mitunter sogar widersprüchlichen Kunstbetrieb eine wundersame »Entdeckung«. Zahlreiche, tatsächlich mehr oder wenige »experimentelle«, Filmemacher, die eine bereits umfangreiche Filmografie aufzuweisen hatten, wurden erst spät für den Kunstmarkt entdeckt – etwa Chantal Akerman, James Benning, Robert Breer, Harun Farocki, Isaac Julien oder Ulrike Ottinger –, während andere – etwa Eija-Liisa Ahtila, Barney oder Rist – dort sehr früh (wenn auch keineswegs von Anfang an) Anerkennung gefunden haben, weil die Bedingungen dafür im Kunstmarkt erst zu einem bestimmten Zeitpunkt gegeben waren. Die Assimilierung des »Experimentalfilms« durch den Kunstbetrieb geschah um den Preis einer Enthistorisierung der Werke. So mancher Filmemacher, der durch den Kunstbetrieb »entdeckt« wurde, wurde das Opfer eines Gründungsmythos, denn es ist nicht zuletzt die »Originalität« eines Künstlers, die seinen »Wert« ausmacht. Originalität muss hier kunstgeschichtlich, nicht filmgeschichtlich ausgewiesen sein. Auf einmal wurden selbst ältere Werke dieser Künstler, die für das Kino entstanden und gedacht waren, in Ausstellungen gezeigt, gleichgültig, was aus ihnen jenseits des Kinos wurde. Arbeiten, die bei Verleihern für Experimentalfilme nur mäßigen Umsatz machten oder gar Ladenhüter waren, werden nun von Museen gekauft und sogar aus dem Verleih zurückgezogen. Mitunter wechseln sie in den Museen nur die Abteilung, vom Film in die zeitgenössische Kunst, freilich mit ganz anderen Etats und Preisen. Einige Museen haben Werke dieser Künstler erst gekauft, als sie von Galerien vertreten wurden und somit Teil des symbolischen Systems und der Wertschöpfungskette »Kunst«. Auch der Kunstbetrieb verlangt Sicherheiten. Keiner möchte falsch liegen. Neben einigen wirklich mutigen Kuratoren waren es die Galerien, die diese Entwicklung in Gang brachten, nicht die Museen. Alles soll seinen Ursprung und seine Bestimmung in der Kunstgeschichte oder besser noch: im Kunstmarkt haben. Die Neuformatierung des Films durch den Kunstbetrieb nimmt mitunter fast exorzistische Züge an gegenüber der Filmgeschichte, aber auch gegenüber der kulturellen Praxis Kino, die negiert wird als konstitutives Verfahren und genuine Wahrnehmungsform des Films. In einem Nachruf auf den Filmemacher Harun Farocki in der *Frankfurter Allgemeinen Zeitung* werden nicht nur Farockis Filme und sein Wirken als Herausgeber (und nicht nur Autor) der Zeitschrift *Filmkritik* unterschlagen, sondern eine Erlösung des Künstlers Farocki im Kunstbetrieb insinuiert, wo er angeblich »den konzentrierten Zuschauer [fand], den er sich wünschte. Und er hatte Erfolg, wurde in allen großen Museen gezeigt.« Was aber ökonomisch fraglos erfreulich ist für den einzelnen Künstler, ist noch lange keine hinreichende Begründung für die Kunst. Man hat nicht den Eindruck, über die gleiche Sache zu sprechen: Die Verständnislosigkeit, mit der Film- und Kunstdiskurse aufeinander treffen, war selten so groß, selten so aussichtslos, nicht nur auf der ästhetischen, sogar auf der handwerklichen Ebene der Beurteilung. Peinliches Schweigen oder Ausweichen sind übliche Reaktionen auf beiden Seiten, wenn man etwa die Arbeit einer bekannten Künstlerin infrage stellt, weil sie Ton- und Bildmaterial verwendet, das bereits in anderen Filmen, auf die sie sich kritisch beziehen müsste, verwendet worden ist. Das Ausblenden von Filmgeschichte im Kunstdiskurs ist die Voraussetzung einer bestimmten Wertschöpfungslogik und des ihr eigenen Ursprungsmythos von Künstler und Werk. Mit der neuen Deutungshoheit des Kunstmarktes, der entscheidet, welche Filme – und vor allem: welche Namen – welchen

Marktwert haben, hat sich die Frage nach dem Experimentalfilm und seinen möglichen filmhistorischen Maßstäben erledigt.

Wer Film sagt, kann Kunst nicht meinen: Zu groß sind die Berührungsängste, immer noch. Gleichwohl muss man sich unter dem Begriff »Filmkunst« etwas vorstellen, das den aktuellen Stand künstlerischer Produktion mit Sicherheit verpasst hat, in der Regel einen Kanon von »Meisterwerken«. Während Filmfestivals, die sich dem Experimentalfilm verschrieben hatten, weitgehend verschwanden oder sich neue, dem Zeitgeist gemäße Namen zulegten, sind »Experimentalfilm« und »Videokunst« allmählich in »Medienkunst« aufgegangen. Doch selbst »Medienkunst« hat den Anschluss an den Kunstmarkt niemals so recht geschafft, auch wenn der Kunstanspruch schon im Begriff frei Haus geliefert wird. Medienkunst ist das Versprechen auf die Unversehrtheit der Kunst im Zeitalter ihrer technischen Reproduzierbarkeit. Mit Medienkunst kann man nichts falsch machen als Kulturförderer. Film wird zur Kunst geadelt und das, was immer verdächtig blieb: sein Auswertungshorizont Kino, das Stigma des Populären, Proletarischen gar – Geruch von Popcorn und Kindergeschrei –, ausgespart. Das Etikett der Medienkunst allein garantierte aber nicht den Zugang zum Kunstmarkt. Dieser funktioniert nach einer ganz eigenen, oft undurchschaubaren, am Ende aber doch verblüffend einfachen Logik von Beziehungen und Namen, kurz: von Netzwerken. Es überrascht daher keineswegs, dass die Approbation von Filmemachern im Kunstmarkt der letzten Jahre vor allem bei solchen gelang, die sich niemals als »Medienkünstler« verstanden hatten. Es waren vor allem jene »Positionen«, wie man so treffend im Kunstbetrieb sagt, die erst zu »entdecken« waren, vor allem im Animations- und Dokumentarfilm.

Das hat, für viele zu spät, zu einer (posthumen) Wertschätzung einer ganzen Reihe von Künstlern beigetragen. Der Definitionshoheit des Kunstbetriebs über den Film als Kunstform war ohnedies kaum mehr ernsthaft etwas entgegenzusetzen. Die Nobilitierung des Films als Kunstform unter der Bedingung seiner Verknappung (Limitierung seiner Auflage und Aufführung) wurde von vielen Filmemachern dankbar an- und hingenommen, denn sie verschaffte ihnen eine Anerkennung, zum Teil auch finanziell, die »Kino« ihnen bislang verweigert hatte. Filmemacher wie Robert Breer und andere konnten auf diese Weise auf einmal auch ihr zeichnerisches Werk verkaufen. So gesehen hat das Kino als Auswertungssystem gegenüber Filmen von Künstlern eindeutig versagt. Man darf sich daher nicht wundern, wenn sie von dort scharenweise abwandern. Recht haben auch jene, die den Zustand der Filmfestivals beklagen, wo in einem Massenbetrieb von Hunderten von Filmen für den einzelnen Künstler und das einzelne Werk zu wenig Aufmerksamkeit und Sorge besteht. Exklusivität im Kunstbetrieb allerdings ist das Privileg der Happy Few.

Die Ursachen der Migration in den Kunstbetrieb sind überdies technologischer Natur. Erst das Aufkommen von digitalen Verfahren und kostengünstiger professioneller Software, vor allem auch die Möglichkeit einer zunehmend zufriedenstellenden Projektion von Video gestatteten eine Aufwertung dieses Mediums und bezeichneten den Beginn eines Übergangs von Film auf Videotechnik. Nun konnten Videoinstallationen nicht nur auf kleinen Monitoren, sondern auch auf großen Leinwänden gezeigt werden, und dies ohne den technischen Aufwand und Lärm einer Filmprojektion. Film konnte problemlos auf Video überspielt werden. Mit der HD-Technik eröffnet sich eine neue Dimension, in der Film- und Videotechnik konvergieren. Erika Balsom hat nachgewiesen, dass der ungeheuere Erfolg der bewegten Bilder im Kunstbetrieb mit der Einführung des LCD-Videoprojektors einherging, also in den frühen neunziger Jahren seinen Ausgang nahm; die documenta 9 (1992), die zahlreiche Videopositionen präsentierte, war der Wendepunkt für die »Medienkunst« und der Beginn einer Assimilation von Film und Video im Kunstbetrieb. Solche Arbeiten können heute problemlos als Installation auf mehreren Leinwänden (und bezogen auf einen begehbaren Raum für einen mobilen Betrachter) oder traditionelle Projektion (für einen immobilisierten Zuschauer im Kino) gezeigt werden. Eija-Liisa Ahtila etwa hat sich immer zugleich als Filmemacherin und bildende Künstlerin verstanden und zeigt ihre Arbeiten daher sowohl als Installationen (multi channel) in Ausstellungen als auch als Filme (single channel) auf Festivals (das freilich ohne kommerzielle Perspektive).

Die sprunghafte Entwicklung im Bereich von Film und Video fiel zusammen mit einer nicht unerheblichen Krise des Kunstmarktes in den frühen neunziger Jahren. Der (vielleicht schon wieder abebbende) Erfolg der technischen Medien auf dem Kunstmarkt ist daher einerseits durch eine vorübergehende Ermüdung des Kunstmarkts gegenüber klassischen Verfahren der bildenden Kunst zu erklären (und der Notwendigkeit, neue Verfahren für den Kunstmarkt zu erschließen), andererseits aber vor allem durch die Möglichkeit, ein technisches Bild so groß, so überzeugend zu präsentieren und so haltbar zu konservieren wie ein großes Tafelbild. Das wurde zum ersten Mal in großformatigen Fotoarbeiten von Jeff Wall und der sogenannten Becher-Schule vorgeführt, also bei Andreas Gursky, Axel Hütte, Thomas Ruff und anderen. Aber selbst kleinformatigere Fotoarbeiten wie die von William Eggleston profitierten im Marktwert, weil ihre Haltbarkeit tendenziell so groß ist wie die von Werken auf Leinwand. Vor einigen Jahren wäre es noch undenkbar gewesen – nimmt man einmal zum Beispiel Arbeiten von Bruce Conner oder Gregory Markopoulos von diesem Befund aus –, dass Filmemacher ihre Kopien in streng limitierten Editionen wie Objekte verkaufen. Dass Filmemacher wie Yervant Gianikian and Angela Ricci Lucchi, die mittlerweile selbst im Kunstbetrieb angelangt sind, ihre Filmkopien bis in den Vorführraum begleiteten und sie auch dort nicht aus den Augen ließen, durfte man getrost als Marotte abtun, die nicht durch einen Markt gestützt war.

Alles, was an Experimenten früher einmal allein auf Festivals wie in Biarritz, Hyères oder Knokke ein sehr bescheidenes Echo fand, sieht sich heute mit gänzlich veränderten Beurteilungsmaßstäben des Kunstbetriebs konfrontiert. Was sich an innovativer Bildsprache halten und durchsetzen will, muss auf einmal seinen Platz im Kunstbetrieb finden, da alle anderen Auswertungszusammenhänge weitgehend verschwunden sind (der Umsatz im Verleih künstlerischer Filme ist marginal und überwiegend rückläufig, wie man hört) und im Übrigen niemals erheblich waren. Das bedeutete eine sehr grundlegende Veränderung der Produktionsweise des einzelnen Künstlers, der es auf einmal nicht mehr mit den Gepflogenheiten von (Experimental- oder Medienkunst-) Festivals und einem Nischenmarkt von Verleihern zu tun hatte, sondern mit gänzlich anderen Ansprüchen und der Wertschöpfungslogik von Museen und Sammlern sowie Galerien, die sich an jene richten.

Was künstlerisch am Film ist, entscheidet jetzt der Kunstbetrieb. Er allein verspricht ökonomische Rahmenbedingungen für ästhetische Ansprüche. Dabei war das Künstlerische am Film einmal Sache der Avantgarde. Allerdings hatte der Avantgardefilm immer eine ausgeprägt antiinstitutionelle und antiökonomische Dimension. Kaum einer verdiente damit Geld; Avantgarde war Freizeit. Ein Filmemacher wie Lutz Mommartz arbeitete als Verwaltungsangestellter. »Experimentelle« Filme, die nicht im System des Kunstbetriebs ausgewertet und validiert werden, erscheinen heute wie marginale Formen des Amateurfilms; Avantgarde ist längst systemimmanent. Solange der Kunstbetrieb noch keinen Auswertungshorizont für künstlerische Filme darstellte, bildeten Festivals wie in Knokke die Plattform, auf der ganz unterschiedliche künstlerische Anliegen ohne kommerzielle Perspektive zusammentrafen, wenn auch freilich nicht immer konfliktfrei koexistierten. Experimentelle und narrative Strategien trennten sich nicht von Anfang an, sondern bildeten lange Zeit ein breites Feld künstlerischer Erfindungen. Martin Scorceses THE BIG SHAVE (1967) etwa lief zuerst in und mithilfe von Knokke und Oberhausen, bevor der Filmemacher als Spielfilmregisseur einsortiert wurde. In dem Moment, da Film für den Kunstbetrieb interessant wurde, wo Film nicht nur zufriedenstellend in Kunstausstellungen zu integrieren war, sondern auch verlässlich als »Multiple«, also Teil einer limitierten Edition, verwendbar, war es mit dem Avantgardefilm vorbei. Experimentelle und narrative Verfahren trennten sich in »Spielfilm« und »Künstlerfilm«. Zugleich hat sich, nicht zuletzt mit dem Aufkommen von Video und digitalen Verfahren, die experimentelle Form ungeheuer ausdifferenziert.

Der Avantgardefilm konnte niemals ein ökonomisch relevantes System der Auswertung, also der Präsentation und Monetarisierung von Werken etablieren. Auch hier bestimmt der Markt, was Film bzw. Kunst ist. Wert entsteht kommunikativ gesehen nur über Ein- und Ausschluss. Der Begriff »Experimentalfilm« war generell auch zu unspezifisch, um ökonomische Relevanz zu erlangen. In wichtigen Werken der Theoriebildung des Avantgardefilms, etwa Birgit Heins *Film im Untergrund*, Peter Gidals *Materialist Film* oder P. Adams Sitneys *Visionary Film* spielt der Begriff überhaupt keine Rolle. Noch heute sprechen Filmemacher wie Mike Hoolboom lieber von »fringe film«. Hans Scheugl und Ernst Schmidt jr. sahen ihn in ihrer *Sub-*

geschichte des Films bereits in den siebziger Jahren als Auslaufmodell. Was bleibt, ist der Wunsch, für künstlerischen Film begrifflich einen Sonderstatus im Kino und gegenüber dem Kunstmarkt zu behaupten; das aber hat dazu beigetragen, den Blick filmgeschichtlich stark zu verengen. Die Geschichte des US-amerikanischen Avantgardefilms zwischen den vierziger und den siebziger Jahren – man folgte dem Schema von P. Adams Sitney – galt lange Zeit als Paradigma jeder einigermaßen seriösen Beschäftigung mit Experimentalfilm überhaupt, obwohl fast der gesamte nicht-westliche Avantgardefilm ausgeblendet wurde. Bis heute stehen Festivals und Programmreihen wie »Experimenta Weekend« (London Film Festival), ICA Artists' Film Biennial (London), Plastik Festival of Artists' Moving Image (Dublin), »Views from the Avant-Garde« (New York Film Festival), »Wavelenghts« (Toronto International Film Festival) oder das Flaherty Film Seminar in New York weitgehend in dieser Tradition. Die Programme zeigen fast ausnahmslos britische und US-amerikanische (allenfalls noch kanadische) Arbeiten unter dem nicht sehr spezifischen Label »Künstlerfilm«. Sitneys Reduktionismus ist Ausdruck davon, dass die Filmemacher nur die Filme ihres Umfelds kannten und experimentelle Filme nicht mit Blick auf das *ganze Kino* beurteilten. Man beschränkt, wozu neben Filmfestivals auch einige wenige Filmverleiher und Hochschulen beitragen, das Künstlerische am Film auf den eigenen Erfahrungshorizont und gelernte Konventionen. Auf einigen wenigen Festivals und Veranstaltungen trifft sich eine kleine Gemeinde und verhandelt rituell über ein Phänomen, das heute in einem zuvor unbekanntem Maße ins Abseits geraten ist, den Avantgardefilm, den Film also, der sich selbst in seiner Materialität zum ästhetischen Gegenstand erhebt (»aus dem Material und nicht aus einer illusionistischen Darstellung«, wie Malcolm Le Grice sagt). Im Grunde bestätigt man sich nur noch gegenseitig in der immer gleichen Genreerwartung von »Künstlerfilm«, der in der Tat durch den Kunstbetrieb definiert wird, wohingegen abweichende ästhetische und kulturelle Praxis gar nicht mehr in den Blick gerät; so wird »Avantgarde« zur westlichen Dominanzkultur. Was von gesellschaftlichem Fortschritt blieb, soll ästhetischer Fortschritt einlösen, bleibt aber kanonisierte Form, die den sozialen Rahmen eines Denkens vorgibt, dem der eigene autoritäre Charakter entgeht. Gregory Markopoulos formulierte dazu das Sinn- und Vorbild mit den exklusiv seinen Filmen vorbehaltenen Vorführungen in Temenos, fernab der Zivilisation auf einem Berg in Griechenland gelegen. Im Versuch, das Kino radikal dem Markt und damit der Kulturindustrie zu entheben, entstand ein idyllisches Szenario eines Kinos vor dem Sündenfall, in dem Film, Natur und Zuschauer eine Symbiose eingehen sollen, ohne Ablenkung, ganz dem Dienst an der Kunst verpflichtet. Die Zuschauer müssen erhebliche Mühen auf sich nehmen, um zu diesem Ort zu gelangen, bewusst gesellschaftlicher Gegenwart abschwören. Kunst, die sich auf diese Weise dem Kunstbetrieb entziehen will, droht immer ästhetischer Fundamentalismus.

Das Eintreffen von Film im Kunstbetrieb seit Anfang der neunziger Jahre zog auch eine stattliche Anzahl von »kuratierten« Filmprogrammen – früher wären sie bloß »zusammengestellt« gewesen – nach sich. Ein Programm musste also mindestens »kuratiert« und ein Filmemacher selbstverständlich eine »Position« sein. Keine Ausstellung zum Stand der Dinge in der zeitgenössischen Kunst kommt mehr um Film herum; dieser wird allerdings aus sein filmgeschichtlichen und -ästhetischen Bezügen und damit auch aus einer kritischen Auseinandersetzung herausgelöst. Filmgeschichte und -ästhetik stellen zweifellos nicht den einzig möglichen Maßstab der Beurteilung eines Films dar, aber wenn man betrachtet, wie »Positionen« des klassischen Avantgardefilms, etwa Kenneth Anger, Robert Breer oder Bruce Conner, im Kunstbetrieb präsentiert werden, wird man zahlreiche Verschiebungen feststellen, sowohl was die im engeren Sinne ästhetische und historische Bewertung der Künstler als auch und vor allem was die Standards der Präsentation anbelangt. Der Kurator firmiert dabei als die neue Heldenfigur deregulierter Arbeitsverhältnisse einer neoliberalen Lebensrealität, die auf den schönen Namen »Kreative Klasse« hört. Dem einen oder anderen mag dieser Zustand und die eigene Rolle darin wie ein Berufsstand erscheinen. Je verstörender zeitgenössische Kunst, desto dringlicher offenbar das Bedürfnis nach Erklärung und Orientierung durch Diskursmaschinen. Steven Rosenbaum spricht von einer »Curation Nation«, in der alles kuratiert ist und tendenziell jeder zum »Kurator« wird, also der Illusion selbstbestimmter Arbeit folgt. Der Kurator ist das, was von der Idee herrschaftsfreien Lebens als individuelle Erfolgsstory geblieben ist. Zwar präsentiert er sich regelmäßig als oppositionelle Verlaufsform; wirklich einflussreich aber ist er nur, wenn er Mainstream ist und bleibt. Das Verhältnis zur Macht ist der stets blinde Fleck des Kurators; denn sein Erfolg lässt sich nicht in erster Linie nach künstlerischen Maßstäben beurteilen, sondern am Einfluss, den er ausübt. Der Starkurator muss keine Künstler mehr durchsetzen, er muss nicht einmal »kuratieren«; er hat lediglich für eine möglichst spektakuläre Inszenierung und Validierung der Namen zu sorgen.

So sehr es zu begrüßen ist, dass viele Filmemacher nun, wenn auch zum Teil post mortem, Erfolg auf dem Kunstmarkt haben, so wenig ist einzusehen, dass sie präsentiert werden, als hätten ihre Filme mit der Aufführungspraxis Kino und der Filmgeschichte gar nichts zu tun, als könne man diese einfach vergessen. Der Kunstbetrieb entwickelt einen weitgehend affirmativen Diskurs über den

Film als Kunstwerk, der den Film enthistorisiert und entkontextualisiert. Das ist auch die generelle Kritik der amerikanischen Künstlerin Andrea Fraser am Kunstbetrieb: »Trotz der radikalen politischen Rhetorik, an der in der Kunstwelt kein Mangel herrscht, herrschen Zensur und Selbstzensur vor, wenn es darauf ankommt, ihre wirtschaftlichen Bedingungen zu hinterfragen.« Die kritische Auseinandersetzung im Kunstbetrieb endet meist dort, wo es gilt, die eigene Teilhabe an dem ihm unterlegten ökonomischen System zum Thema zu machen. »Kritikalität« (wenn man so den Modebegriff »criticality« übersetzen darf) bezieht sich zumeist nicht auf die institutionelle Logik des Kunstbetriebs und noch weniger auf seinen Umgang mit dem Film. Daher ist eine Kritik der Formatierungen nötig, die bestimmen, wie man Film, hier Kino, dort Kunst, wahrnimmt und diskutiert: Es ist eben nicht gleichgültig, wie man einen Film sieht – ebenso wenig, wie und wo man Musik hört (ohnehin trifft vieles, was hier gesagt wird, auch auf Musik zu). Das heißt nicht zwangsläufig, dass man die Standards des Kinos nun auf jede Präsentation von Film im Kunstbetrieb anwenden müsste. Wir alle aber haben uns zu sehr daran gewöhnt, uns mit vollkommen unzureichenden Formen der Präsentation von Film zufriedenzugeben. Wann haben wir zuletzt einen Film gesehen, der so gut wie möglich und nötig vorgeführt war? Das Problem der Aufführung von Film ist ja unter anderem, dass ein Werk immer nur *annähernd* aufzuführen ist. Es ist ein Unterschied, ob man durch eine Ausstellung geht und nach Belieben eine Black Box betritt und wieder verlässt (also gleichzeitige Exponate betrachtet) oder ob man im Kollektiv für eine bestimmte Zeit *zu einer anderen Wahrnehmung gezwungen* ist.

Das, was die Kunst niemals am Kino verstanden hat, ist der *Zwang zur Wahrnehmung*, und zwar unabhängig davon, wer im

Publikum mit welcher individuellen Bildung und Neigung und mit welchen Absichten auch immer wahrnimmt. Der Film zwingt mir eine Wahrnehmung *von etwas Anderem* und einen Bezug zur Zeit auf durch *die Einstellung, die dauert*. Dauer ist die »Zumutung« des Kinos, schreibt Juliane Rebentisch. Für Jean-Louis Schefer ist das Kino im Grunde eine vollkommen neuartige, »experimentelle« Erfahrung der Zeit und der Erinnerung. Und das stand der Verwertung von Film im Kunstbetrieb immer im Wege. Für die Dauer des Films war ich Teil einer Welt, die ich mir nicht vorstelle und die ich nicht betrachte, sondern *die mich betrachtet*. Schefer sagt in *L'Homme ordinaire du cinéma*, das Denken sei im Film, nicht außerhalb. Das war die größte, mächtigste Erfindung des Films, die den Künsten gegenüber so radikal war, auch weil sie nicht an Bildung appellierte, im Gegenteil; das Kino macht mich zu einem im Grunde bildungslosen (»gewöhnlichen«) Wesen, weil es der Film ist, der denkt (das heißt nicht, dass Film nicht intelligibel wäre und nicht zum Gegenstand von Kritik werden könnte oder sogar müsste). Im Kunstbetrieb erhält man vom Film die Kunst als Mehrwert, aber ohne seine eigenständige Wahrnehmungsform, die er dem Kino verdankt; man erhält den Film als bildende Kunst, als Gegenstand der Ästhetik, als Objekt. Im Niedergang von Kino endlich wird der Film als Kunst approbiert. Damit aber bleiben seine Bedeutung und seine Innovation in der Geschichte der Medien unverstanden. Das Kino – um einen Gedanken Slavoj Žižeks über Brechts Lehrstücke abzuwandeln – setzt der im Grunde ideologischen Freiheit der »Selbstbestimmung«, die darin besteht, jederzeit zu kommen und zu gehen, wie es beliebt, gleichgültig worin die Notwendigkeit eines Films besteht, der illusorischen subjektiven (oder liberalen) Freiheit, die gleichwohl immer auf einer grundsätzlichen Unterwerfung unter das ideologische Gebot von Konventionen, beispielsweise den Spielregeln des Kunstbetriebs, beruht, den Zwang entgegen, etwas Bestimmtes für eine bestimmte Dauer hinzunehmen: die physische Unbeweglichkeit, den starren Blick, *die Unterwerfung unter die Zeit*. Der scheinbar schwellenlosen Freiheit, die darauf hinausläuft, sich einer anderen, fremdartigen, herausfordernden Wahrnehmung jederzeit entziehen zu können, um in den eigenen Wahrnehmungs- und Verhaltensmustern zu verharren, wird eine Alternative gegenübergestellt. Die Wahl, die ich tatsächlich habe und die sich von der Wahl dem Schein nach unterscheidet, ist zu gehen oder zu bleiben und *anders wahrnehmen zu müssen*, Subjektivität für eine passive Erfahrung von Objektivität an den Nagel zu hängen.

Die Annahme, erst der installative, also objekthaft erfahrbare (oder gar »interaktive«) Film diene zur »antiillusionistischen« (und erst dadurch *ästhetischen*) Erfahrung (Juliane Rebentisch) und eröffne eine analytische »Freiheit« (Boris Groys), eine »kritische Arena des Hier und Jetzt« (Malcolm Le Grice), übersieht genau das, was den Film von den Künsten unterscheidet, und unterliegt damit möglicherweise einem grundlegenden mediengeschichtlichen Missverständnis des bürgerlichen Subjekt- und Kulturbegriffs, der den Modus des Kunstbetriebs in seiner gegenwärtigen Form zur »Individualisierung als Machttechnik« (Roger M. Buergel und Ruth Noack) zementiert. Diesem Missverständnis erlagen auch schon jene Filmtheoretiker (feministischer, marxistischer, psychoanalytischer Prägung wie Jean-Louis Baudry, Jean-Louis Comolli, Stephen Heath, Teresa de Lauretis, Christian Metz, Laura Mulvey zum Beispiel), die in den siebziger Jahren die sogenannten Apparatustheorien auflegten und damit eine Kritik des »illusionistischen« (also manipulativen) Films vor allem auf das Erzählkino als Matrix bezogen. Einige von ihnen, darunter der Filmemacher und Theoretiker Peter Gidal, glaubten daraus eine genuine Begründung des

Experimentalfilms ableiten zu können, eine Art Anti-Kino, das dem illusionistischen Wieselspiel des Kinos ein Ende bereiten sollte. So aber der Experimentalfilm pauschal als »Kritik« des Kinos gedacht und gemacht wurde, lief er immer auch Gefahr, vorschnell zum »antiillusionistischen« Projekt zu werden, das der spezifischen Wahrnehmungsform des Kinos nur eine vergleichsweise harmlose »kritische« Ästhetik entgegenzusetzen hatte. Der Wunsch nach einem *anderen* Kino verurteilte das *gesamte* Kino im Namen einer antikapitalistischen Kritik. Wahrheitsästhetik hat stets auch autoritäre und totalitäre und damit lustfeindliche Züge.

Apparatustheorie hat am Kino mit Recht die Ertüchtigung der Rezeption für eine industrielle Auswertung des Films diagnostiziert und moniert. Es lässt sich historisch unschwer nachweisen, dass Kino industriell perfektioniert wurde und ein bestimmtes »Dispositiv« und mithin eine bestimmte soziale Form von Kino durchsetzte. *Kino* umfasst fraglos unterschiedliche *historische und soziale* Praktiken der Präsentation von Film (daran erinnerten unermüdlich Autoren wie Noël Burch, Tom Gunning oder Heide Schlüpmann). Gleichwohl wurde übersehen, dass Kino in dem Maße, wie es zur perfekten Illusionsmaschine wurde, eine mediengeschichtlich einzigartige Wahrnehmungsform schuf, die den Zuschauer nicht nur zum Konsumenten und mithin zum Opfer effizienter kapitalistischer Auswertung (und Subjektkonstitution) macht, sondern zu einem Wesen, das anders wahrnimmt, als es die Gesellschaft, die vom Prinzip kapitalistischer Auswertung regiert wird, diktiert. Bilder mögen ideologisch sein, nicht aber ein Apparat, der Bilder macht, auch wenn er selbst Ausdruck bestimmter ökonomischer Interessen sein mag. Apparatustheorie hat zumindest zweierlei verkannt im Bemühen, das Kino sozusagen antiillusionistisch zu überwinden: Zum einen ist dem apparativen *Bild* nicht zu entkommen. Das Sehen muss sich stets »dreckig« machen. So sehr ich auch dem Bild zu entkommen versuche, weil es mir verdächtig erscheint in meinem Bezug zum Denken und zur Welt, so sehr ich dem Bild misstraue, es holt mich ein. Ohne Bild besteht überhaupt kein Bezug, weder zum Denken noch zur Welt. Das Kino, das ist die grundlegende Erkenntnis von Gilles Deleuze, verhält sich zum Denken homolog, weil es *Bild* ist; das Kino ähnelt philosophischen Entwürfen nicht, weil es sie illustriert, sondern weil es über das Vermögen verfügt, die Welt analog zu philosophischen Entwürfen in Bildern und Tönen *wahrzunehmen*. Zum anderen verdanken wir es dem apparativen Bild, dass wir *anders* wahrnehmen. Die Apparatustheorie hat die medienhistorische Realität zum einen und die tiefgreifend neuartige Wirkung des kinematografischen Bildes zum anderen ignoriert. Die Vorstellung oder Erwartung, der Betrachter müsse oder könne sich gar dem Kunstwerk gegenüber »frei« verhalten, ist ein wirklich hartnäckiger Glaubenssatz der kritischen Kunsttheorie. Wie Jean-Louis Schefer aber in seinem Buch über Correggio (*La lumière et la proie*) aufgezeigt hat, unterwirft die individuellen Struktur und Textur eines Kunstwerks, das »uns betrachtet«, den Blick. Der Annahme eines »freien« Blicks steht überdies ein Kunstbetrieb gegenüber, der jedem Betrachter seine je eigene Ordnung des Blicks aufzwingt und dabei die Illusion nährt, wir alle seien »freie« Individuen und jedwede Entscheidung bewusst, zumindest für die Dauer einer Ausstellung oder sei es nur für den Moment der Betrachtung. Der Betrachter in einem Museum ist so wenig frei wie der Zuschauer in einem Kino oder der User im Internet. Zwang zur Wahrnehmung macht verdächtig. Frei soll wenigstens der Blick sein, wenn es die gesellschaftlichen Verhältnisse schon nicht sind.

Dass das Kino gemeinhin keine intellektuelle, kritische, selbstreflexive Auseinandersetzung als Wahrnehmungsform anbietet und darstellt (sondern allenfalls a posteriori ermöglicht), dass es mich, der denken will, denkt, macht es per se als »Apparat«, »Illusionsmaschine« und »Machtinstrument« verdächtig. Das Projekt eines »antiillusionistischen« Films übersieht (ungeachtet zahlreicher herausragender »antiillusionistischer« Filme) am Kino genau das, was es vom mehr oder weniger »kritischen« Wahrnehmungsmodus der bürgerlichen Kunstbetrachtung so radikal unterschieden hat, und droht selbst einer Illusion aufzusitzen. Erst die Kulturwissenschaft der letzten Jahre hat ein neues Verständnis davon entwickelt, dass das Kino keine ideologische Form der Illusion, sondern eine »hochintelligente kulturelle Symbolisierung« (Gertrud Koch) und gesellschaftliche Realität darstellt. Der Begriff des »Scheins« beim späten Adorno dürfte ins Zentrum der Sache führen. Kino gründet nicht auf einer illusionistischen Täuschung. Nichts am Kino ist Illusion im Sinne einer verfälschenden (»ideologischen«, »mythischen« usw.) Realität. Teilweise hatte man Ilja Ehrenburgs *Die Traumfabrik* falsch gelesen, worin im Jahr 1931 die soziale Realität der aufkommenden Filmindustrie beschrieben wurde, nicht die Realität der technischen Bilder.

Das Kino war eine Wahrnehmungsform, die sich als ästhetische Realität erst dem immobilisierten (»passiven«) Zuschauer durch die Suspension von Alltag und Subjektivität erschließt, aber nicht intellektuell, sondern »abgelenkt« und »taktil«, wie Walter Benjamin befand. Das machte es zur einzigen ästhetischen Wahrnehmungsform, die mich für eine bestimmte Zeit zwang, nicht nur etwas anders zu sehen und zu denken, sondern *etwas anderes zu sein*. Die »Freiheit« eines Zwangs zur Wahrnehmung besteht für Benjamin also darin, die Beschränkung des subjektiven Blicks zu überwinden. »Das wahre Kino«, schrieb Fernand Léger 1925, »ist das *Bild des Objekts*, das unseren Augen vollständig unbekannt ist«. Kino gehört für Benjamin zu den Formen profaner Erleuchtung, die er zuvor nur anhand subjektiver Drogenerfahrung protokolliert hat, die sich nun durch den Apparat als kollektive Erfahrungsform objektiv darbietet. Benjamin stellte im Begriff des »Optisch-Unbewussten« die Nähe zu Freuds Studien her. Kurz nach Erscheinen von Freuds *Die Traumdeutung* im Jahr 1899 vertonte Gustav Mahler Rückert: »Ich bin der Welt abhanden gekommen«. Es verdiente daher eine eingehende Untersuchung, warum Apparatustheorie das Kino nur noch vollkommen undialektisch unter den Vorzeichen der Illusion verstehen konnte und damit die *apparative* Wahrnehmungsform und mediengeschichtliche Radikalität des Kinos unter Vorzeichen der Ideologiekritik ideologisierte. Im Grunde war Apparatustheorie im Sinne einer antikapitalistischen Theorie des Kinos eine überaus romantische Abwehr der Apparate und Medien und hat noch bis in die kritische Kunsttheorie hinein immenses Unheil angerichtet.

EINE NEUE FORM DES MONUMENTALFILMS

Es war gerade Andy Warhol, Kronzeuge vieler »antiillusionistischer« Kritiker und Theoretiker, der zeigte, dass Film nicht Illusion, sondern eine eigenständige Wahrnehmungsform darstellt, die dem Kino angehört und nur in diesem möglich ist. Warhols Kritik des Films erfolgt mit den Mitteln des Kinos. Die Absonderlichkeit etwa von EMPIRE (1964) bestand lange Zeit vor allem im Umstand seiner Existenz, nicht aber in seiner Sichtbarkeit selbst. So wurde Warhols EMPIRE zum berühmtesten unbekannten Film. Wenige nur haben diesen Film gesehen und erfahren, was er mit dem, der ihn im Kino betrachtet, macht. Er verkörpert das bedrohliche Ausmaß einer einzeiligen Inhaltsangabe und eines gänzlich untätig verbrachten Arbeitstages: die achtstündige Ansicht eines Gebäudes. Die gewöhnliche Ausbeutung des Zuschauers im Kino besteht darin, dass er die Arbeit, die der Film von ihm verlangt, nicht betrachten kann. Warhol nimmt gerade hier eine Umwertung vor. Die Action ist im Saal, dort, wo die Tonspur des stummen Films entsteht. Warhol nennt das »›sound‹ movie with*out* sound«. Das Schweigen des Films provoziert ein Ungehorsam im Saal wie von Kindern in der Schule. Der Auftritt von Warhols Superstar Empire State Building versetzt das Publikum zunächst in eine seriös »ästhetische« Haltung: Leisesein und Stillsitzen. Doch das anhaltende Ausbleiben eines erlösenden

Wortes und einer befreienden Bewegung entlockt den reglementierten Körpern Bewegungen, Gesten, Laute. Die Vereinzelung der Kunstrezeption bricht zusammen. Hier betrügt Kunst Gesellschaft um den Mehrwert.

Die Titel von Warhols Filmen bergen kein Geheimnis; mehr als versprochen wird, wird auch nicht geboten. Sie sind Inhaltsangaben wie die Etiketten der Campbell's Soup. So isst man in EAT, küsst in KISS und schläft in SLEEP (alle 1963). Das widersinnige Andauern des Hochhauses handelt aber nicht von Dingen und Symbolen und nicht von der (abstrakten) Zeit, sondern von der Ablösung des Symbolischen, von Chronologie und Geschichte durch einen Prozess im schauenden Kollektiv. Darin überwindet der Film den Bilderrahmen in der Kunst, der eine symbolische Abgrenzung vom Alltag, zur gelebten Zeit vornahm. Der Film fängt über die Dauer seiner Projektion hin an, denn sein Inhalt ist die Dauer. Der Film besteht aus Schauen und Murmeln, aus Trägheit und Anspannung; sein Thema ist die lange Weile. So vergisst man die Angst vor dem eigenen Verstummen im Kollektiv und den kindlichen Schauder vor der Dunkelheit. Warhols Kritik des Films entdeckt das Kino als den möglichen Raum zum Sprung des Kollektivs in eine andere Zeit jenseits von Arbeit, Individualisierung und Kunst. Warhols Filme zu Hause auf DVD oder im Internet anzuschauen wäre ebenso sinnlos, wie sie als Installation ins Museum zu bringen. Ihre künstlerischen Anliegen entfalten sie nur im Kino, nur mit der spezifischen »Materialität« des Films, nur in der Dauer, der Dunkelheit und im Kollektiv. Auf einem Monitor in einer Ausstellung bliebe davon nichts übrig.

Warhols Film nimmt die jede individuelle Geduld und Kondition überschreitende Länge von filmischen Installationen vorweg, die nur »Mitte« haben und die im Kunstbetrieb seit den neunziger

Jahren die Ausstellungen verstopfen; er nimmt daher selbst bewusst die Möglichkeit vorweg, in der Konvention des Kinos nicht auszuharren, laut zu werden oder den Saal zu verlassen, also die Verabredung aufzulösen. Gleichwohl besteht er auf der Wahrnehmungsform des Kinos, nicht nur, weil die mögliche Aktivität und Mobilität des Publikums genuiner Bestandteil der künstlerischen Idee ist, das Publikum also nicht irgendeinen Teil eines übergeordneten sinnhaften Zusammenhangs oder ein Detail versäumen kann (wie bei Filmen mit »Handlung« oder mehrstündigen Dokumentarfilmen in Ausstellungen), sondern vor allem, weil die spezifische Zeiterfahrung des Werks allein aus einer originären Dialektik zwischen der Unterwerfung unter die Zeit und der Möglichkeit der individuellen oder kollektiven Gestaltung von Zeit entsteht.

Warhols Arbeiten stehen konträr zur begriffslosen Freiheit all jener filmischen Installationen, die das Publikum der Dauer einer Arbeit gegenüber entweder zu verzweifelten Konsumenten machen oder zu hoffnungslosen Dilettanten der Partizipation. Weder ist das Publikum überfordert durch den Umstand, dass es ein Werk gar nicht mehr ganz wahrnehmen kann (oder soll), wie das heute in Ausstellungen vielfach der Fall ist, noch wird es zu irgendeiner idiotischen Interaktivität angestiftet (deren Freiheit stets in der eng begrenzten strukturellen Logik des jeweiligen Werks oder der institutionellen Logik des Kunstbetriebs gefangen bleibt), weil jede individuelle Aktivität verwiesen bleibt auf eine intime Wahrnehmung von Zeit selbst, die das Gegenteil von Bildung ist, nämlich Differenz. Das macht Warhols Filme so radikal, weil sie die Grenze von Kino berühren, also die Passivität im Zwang zur Wahrnehmung, indem sie eine keineswegs nur trügerische »interaktive« Erfahrung der eigenen, vor allem auch schöpferischen Freiheit subjektiv erlebbar machen, die aber unmittelbar und notwendigerweise aus der Wahrnehmung jener anderen Welt objektiv resultiert, welche allein das Kino vorschlagen kann.

Warhol distanziert nicht und stilisiert auch nicht (im Sinne einer fragwürdigen »antiillusionistischen« oder »kritischen« Haltung); er trennt das Sichtbare von den Dingen und die Bewegung von der Geschichte; denn irgendwann hatten die Dinge und Bewegungen im Kino ihre Sichtbarkeit zugunsten ihrer Bedeutung und der Erzählung eingebüßt. Sie waren nur noch die Agenten der Geschichten. Warhol filmt mit dem Empire State Building eine gefallene Diva, deren Aura zu jener Zeit schon von der Errichtung höherer Konkurrenten bedroht war. Nicht ganz zufällig kehrt Warhol an den Tatort zurück, wo im Kino der Riesenaffe King Kong einst im Wolkenkratzerwald der Großstadt den Vorteil des Monströsen verlor. Warhol hindert das Unvorstellbare oder Monströse an der Darstellung, indem er das Sichtbare in seiner ganzen Massivität ausstellt. Hinter dem Sichtbaren lauert kein Unsichtbares, das plötzlich erscheinen könnte, entdeckt und behutsam freigelegt werden müsste wie die verborgene Insel in KING KONG, die auf keiner Karte eingezeichnet ist. Es gibt keine Monster mehr, die mit geeigneten Mitteln doch noch zur Ausstellung gezwungen werden könnten. Das Sichtbare rückt in eine absolute Nähe, an die sinnliche Oberfläche der Sichtbarkeiten. Der Stummfilm kannte eine Frontalität der Szene; doch diese sollte nur einen Ausschnitt des Ganzen vorstellen. Warhol behandelt das Sichtbare nicht mehr als Ausschnitt, das Sichtbare ist allein das Gerahmte; er sucht nicht das Dekorative, sondern den Moment, in dem Erfahrung Bild wird. Die Filme sind keine Beschreibungen von etwas, das vor ihnen da war, obwohl es dem Grunde nach immer um dasselbe geht: eine schillernde Prozession der Sichtbarkeiten. Niemals aber wird das Bild *informell*; es ist eine Frontalität ohne jeden Hintergrund, ein Bild, dem nichts vorhergeht, das auf nichts verweist, nichts verbirgt, nichts außer der Zeit und der eigenen Freiheit.

Dieses Kino hat den unsichtbaren Faden zerrissen, der in das *Off* führte. Das Off ist der Effekt des Bildes selbst in seiner sichtbaren Schwere und nicht-optischen Entleerung: »The more you look at the same exact thing, the more the meaning goes away, and the better and emptier you feel«, sagt Warhol. EMPIRE saugt in einer unendlichen Langsamkeit die Formen auf und verweigert durch eine dramaturgisch exakte Entleerung den Dingen das Happy End. Die völlig geöffnete Blende und das hochempfindliche Material nehmen dem Bild Horizont und Tiefe. Schon in der Dämmerung des Anfangs versinkt das Gebäude durch den Stummfilm-Effekt der verlangsamten Vorführgeschwindigkeit in einer flackernden und strahlenden Helligkeit. Der Beginn der künstlichen Beleuchtung nach etwa einer Stunde schafft dann ein vollständig flächiges Bild, das sich aus einer Verteilung von Licht und Dunkel zusammensetzt: eine Fläche aus geheimen Botschaften und Zeichen, ein rätselhafter Plan des Sichtbaren. Das Blinken der Lichtuhr auf einem entfernten Gebäude zeigt keine chronologische Zeit mehr an, es sendet Morsebuchstaben einer unverständlichen Sprache. Die Architektur des Lichts baut ein glamouröses Wesen, ein Wesen des Kinos, das unerreichbar vor dem Blick verharrt. Man schaut unentwegt an einem »Inhalt« vorbei, weil sich diese fremdartige und obskure Stummheit tief in das eigene sprachlose Dasein hinein erstreckt. Die Dauer des Unbeweglichen verrückt das Zentrum des Bildes. Mit dem Verlöschen der Gebäudebeleuchtung gegen Ende taucht dann die letzte Gestalt aus dem Bild in eine schimärische Materialität ab.

Eine konservatorische oder philologische Frage nach dem »ursprünglichen« (und zu rekonstruierenden) Film zielt an der eigenwilligen optischen Qualität des fleckigen, zerkratzten und zitternden Werks völlig vorbei. Callie Angell, die Kuratorin von Warhols Filmen, hat darauf hingewiesen, dass diese »Störungen« bereits von der chemischen Entwicklung des Filmnegativs herrühren und keine Abnutzung der Vorführkopien darstellen. Der Film gewinnt an Sinnlichkeit, wenn er mit den Dingen, die er in einen Abgrund des Sinns hinabreißt, seinem unaufhaltsamen Verschwinden entgegengeht. Indem er seine Sichtbarkeit zelebriert, riskiert er verglühend seine Existenz. Trotzdem ist es nicht gleichgültig, wo und wie der Film gezeigt wird. Je besser er projiziert wird, desto stärker ist seine Wirkung. Das Kino denkt hier sein eigenes Außen im Kino.

Warhols POOR LITTLE RICH GIRL (1965) verhält sich wie ein Gegenstück zu EMPIRE, denn beide Filme handeln von der Geburt eines »Stars«. Der Titel des Films ist eine Hommage an den gleichnamigen Film mit Shirley Temple, Warhols ldol. Warhol wollte zunächst vierundzwanzig Stunden aus dem Leben von Edie Sedgwick filmen; es bleib bei einer Stunde Film, die sie bei der morgendlichen Toilette zeigt. Die Besonderheit von Warhols »Superstars« ist, dass sie zu solchen werden können, ohne Geschichten darzustellen und Figuren zu verkörpern. Warhol sagt, seine Stars benötigten kein Drehbuch, Glamour genüge. Der erste Teil des Films bleibt in nahezu völliger Unschärfe. Warhol hat auch diese technische Störung beibehalten und mit einem zweiten, »scharfen« Teil zusammengebracht. Die Unschärfe übt eine ganz ähnliche Wirkung der Unnahbarkeit aus wie schon in EMPIRE. Es gelingt dem Auge nicht, Besitz zu ergreifen vom vollen Sinn; es versinkt in einer Bewegung, die sich materialisiert. Ebenso entrückt das Kostümieren vor dem Spiegel im zweiten Teil die kometenhafte Erscheinung, jede Annäherung ist eine Entfernung des Brennpunktes und des begehrten Objekts. Die Filme bezeichnen die Konstruktion einer unmöglichen

Begegnung, einer absoluten Unzugänglichkeit. Es geht hier nicht mehr um ein körperliches Verlangen, es geht um den Versuch, das Vergehen, das Unbegreifliche selbst in der Wiederkehr der Zeit zu denken, den Wunsch, der Zeit zu ähneln.

Die Theorie des »antiillusionistischen« Films, die aus dem engeren Umfeld der ideologiekritischen Filmtheorie und des Experimentalfilms weitgehend in den Diskurs des Kunstbetriebs übernommen wurde, versteht und approbiert Film, indem die Aufführungspraxis und die Wahrnehmungsform Kino ausgeblendet oder sogar negiert wird. Die meisten am Kunstbetrieb geschulten Kuratoren – auch jene, die Film zeigen – nehmen den Film unabhängig von seiner historischen Aufführungspraxis Kino und seinem filmgeschichtlichen Kontext wahr. Der Kunstbetrieb hat zumindest zweierlei erreicht: Er hat künstlerischen Filmen eine neue Aufmerksamkeit und neue Einnahmequellen erschlossen – eine positive Entwicklung für alle Filmemacher, die davon haben profitieren können – und er hat die kritisch-historische Auseinandersetzung um experimentelle Verfahren des Films und die Standards seiner Präsentation abgeschafft. Der Preis der Anerkennung von Film im Kunstbetrieb war eine fragwürdige Übertragung des bürgerlichen Kunstbegriffs auf den Film als Kunstform. Die Rettung des Films als Kunstform war richtig und wichtig, egal wie. Gleichwohl haben wir darüber eine bislang einzigartige Wahrnehmungsform verloren, die den Film mehr sein ließ als eine Kunstform und die er dem Kino verdankte, das der Geschichte der technischen Medien angehört. Überdies beginnt der Film im Kunstbetrieb jenseits des Kinos anderen Konventionen zu entsprechen, ein anderes Publikum zu adressieren und darüber auch seine Gestalt zu verändern.

Die Abschöpfung des »Experimentalfilms« durch den Kunstmarkt, die mit einer drastischen Auslese einhergeht, brachte für einige wenige Künstler eine deutliche finanzielle Aufwertung ihres Werkes und größere öffentliche Anerkennung, waren doch die Abspielflächen für Filme von Künstlern wie Robert Breer, Richard Serra, Robert Smithson, ja selbst von Andy Warhol über lange Zeit hinweg auf den Underground beschränkt gewesen (und Preise für solche Werke entsprechend niedrig), während sie zum Teil mit ihren traditionellen künstlerischen Verfahren durchaus einen gewissen kommerziellen Erfolg auf dem Kunstmarkt hatten. Dies machte aber auch die unterschiedlichen Funktionsweisen von Film- und Kunstmarkt erkennbar. Die Wertschöpfung findet im Filmmarkt durch Multiplikation, im Kunstmarkt durch Verknappung statt. Während Film im Filmmarkt so viel wie möglich unter allen Umständen gezeigt werden muss, darf er im Kunstmarkt nur so wenig wie möglich und nur unter bestimmten Umständen gezeigt werden. Ein Film muss im Kino möglichst häufig gezeigt werden, um sich zu amortisieren. Der Träger des Films, die Kopie, hat nur Materialwert, keinen ideellen. Auf dem Kunstmarkt hingegen, der immer noch an der Idee des Originals festhält, garantiert erst die limitierte Edition, das heißt die Exklusivität, eine gewisse Unzugänglichkeit – manchmal bis hin zur Unsichtbarkeit –, den Wert einer Arbeit. Wenn Kunst und Film sich also nicht verstehen, so liegt das in erster Linie an ihren vollkommen unterschiedlich organisierten Systemen. Die Frage der Kunstzeitschrift *Texte zur Kunst*: »Was will die Kunst vom Film?« kann daher nur über die Verschiedenartigkeit der Wertschöpfungslogik recht verstanden werden. Allerdings suggeriert die Frage, dass *die* Kunst auf *den* Film schaue und dieser außerhalb der Kunst stehe und nicht schon selbst irgendwie Teil eines heterogenen künstlerischen Feldes sein könne. Die Frage ist daher so zu verstehen: Was bedingt das Interesse des Kunstbetriebs am Film? Die Filmzeitschrift *kolik.film* drehte die

Frage einige Zeit später konsequenterweise um: »Was will der Film von der Kunst?«

So geschieht es, dass nicht nur bekannte Gemälde nach Auktionen vollkommen aus der Öffentlichkeit verschwinden, sondern auch Filme, etwa Arbeiten der britischen Künstlerin Gillian Wearing, die nur noch selten auftauchen. Es ist nahezu unmöglich, sie auf einem Festival oder gar in einem Kino zu zeigen, denn diese taugen offenkundig nicht zur Wertsteigerung eines solchen Werks. Man führt zermürbende Diskussionen mit Galeristen, die den Wert des von ihnen vertretenen Werkes bedroht sehen, über das Für und Wider und den Modus einer möglichen Präsentation im Kino oder auf einem Filmfestival. Filme anderer bekannter Künstler dürfen auf Anweisung der sie vertretenden Galerien überhaupt nur noch im Kunstbetrieb und dort zum Teil auch nur noch in Einzelausstellungen vorgeführt werden. Kunsthändler und Privatsammlungen kaufen zum Teil das Gesamtwerk verstorbener Künstler auf, sodass seine Aufführung in Kinos vor hohen finanziellen und formalen Hürden steht, etwa im Fall von Jack Smiths Filmen. Alles ist eine Frage der Marktmacht und der Wertschöpfungslogik. Die Gefahr einer solchen Reauratisierung der Werke besteht darin, der Kunst die Öffentlichkeit zu nehmen und sie zunehmend zu privatisieren; denn hier geht es in erster Linie um den Wert des limitierten Objektes auf dem Kunstmarkt. Im Zweifelsfall entscheidet der Sammler (oder die Galerie in dessen mutmaßlichem Interesse), wann etwas wo und wie zu sehen ist. So werden limitierte Editionen von Filmen in hochwertigen Verpackungen sicher unter Ausschluss der Öffentlichkeit aufbewahrt. Man hört, dass Datenträger und Masterbänder wie teure Parfums in aufwendigen Samtetuis und auf hochwertigem Papier zertifiziert veräußert werden, um technische Bilder zum Original zu weihen. Die Rechte sowie

Rechtefreistellungen, die damit einhergehen, sind umfassend. Eine friedliche Koexistenz von Filmen in limitierter Auflage und im Verleih ist strukturell gesehen unwahrscheinlich, auch wenn der Verleih von Filmen einer Arbeit oft geduldet wird, weil er wirtschaftlich gesehen ohnedies bedeutungslos ist. Man kann es den Sammlern freilich nicht verdenken, dass sie ihre Arbeiten nicht überall gezeigt sehen wollen, und auch den Filmemachern nicht, dass sie sich zunehmend vom Verleih als Auswertungsform abwenden, da hier relevante Umsätze und erhebliche öffentliche Anerkennung nicht mehr zu erwarten sind.

Der Kunstbetrieb stattet Film wieder mit einer Aura aus, die einmal dem Unikat, also dem einzelnen, nicht reproduzierten, einzigartigen Werk zukam. Die Reauratisierung des Kunstwerks ist systemimmanent, sie ist Teil der Wertschöpfungskette Kunst, nicht nur mit Blick auf den Wert eines Werks auf dem Kunstmarkt selbst, sondern vor allem mit Blick auf die Idealisierung, die diesem zugrunde liegt, also auf die Art seiner Darbietung. Der Kunstbetrieb muss sich seinen eigenen Gründungsmythos schaffen, bezogen auf Künstler und Werk. Eine Lobby aus Galeristen, Kuratoren und Sammlern sorgt für die Einsetzung von Namen und Maßstäben. Mitunter schreibt daher der Starkurator sogar eine hymnische Kolumne über eine noch wenig bekannte Medienkünstlerin, die sich in der Sammlung befindet, deren Beirat er angehört. Namen machen Namen.

Im Kunstbetrieb haben filmästhetische und filmgeschichtliche, ja schlichtweg handwerkliche Maßstäbe der Beurteilung, wie ein Werk zu erstellen und vorzuführen sei, kaum je Relevanz entwickelt. Man kann sich nur noch wundern, wie handwerklich fragwürdig Film hier teilweise präsentiert wird. Der Unterschied zwischen einer Preview und einer angemessenen Vorführung wird mitunter vollkommen aufgehoben. Produktion und Präsentation von Film im

Kunstbetrieb gehen mit oft unhaltbaren Standards einher. Hito Steyerl, die als Filmemacherin im Kunstbetrieb Erfolg hat, tritt mittlerweile als Spielführerin des neuen Bildparadigmas und Anwältin des Kunstbetriebs auf: Ein »armes Bild« soll den »Fetischwert« des Bildes überwinden, um eine »alternative Ökonomie, ein unperfektes Kino« entstehen zu lassen. Auch hier wieder: das fast calvinistische Misstrauen insbesondere der Konzeptkunst gegen das angeblich »illusionistische« Bild, die Angst vor dem schönen Schein, das Primat der »freien« Betrachtung (gegenüber der Versunkenheit). Dass an der Sache etwas faul ist und trotzdem prima in die Logik des Kunstbetriebs passt, fiel schon anderen auf, etwa Susanne von Falkenhausen auf *frieze.com*: »Die starke Präsenz des Videoformats während der letzten Jahre wäre dann so etwas wie eine Zwischenstation auf dem Weg zur buchstäblichen Verflachung von Kunst auf den Tablet-Bildschirmen, galeriefähig, mangels haptischer Objekthaftigkeit zwar nur mäßig verkaufsfähig, aber immerhin noch einigermaßen (kunst-)werkförmig.«

Das neue Bildparadigma führt zu einer ganzen Reihe von kuratorisch gesehen katastrophalen Entscheidungen, zum Beispiel Filme von Lotte Reiniger, die das Schwarz und Weiß des Films als ästhetisches Prinzip zur Grundlage haben, als Videokopien zu projizieren, die bekanntlich Schwarz gar nicht schwarz darstellen können. Filme werden mit Videoprojektoren im Taschenbuchformat auf die Wand projiziert in Räumen, die zumeist nicht dunkel sind (oder dunkel nicht sein dürfen, um Unfälle zu vermeiden, wie es heißt). Filme werden in falschen Formaten gezeigt, weil ein Wissen über Bildformate des Films nicht vorhanden ist. Dieselbe Künstlerin etwa, die ihre Arbeiten nicht mehr im Kino zeigen will, präsentiert sie in der Galerie im falschen Format quadratisch projiziert. Und in Ausstellungen hört man regelmäßig bereits den Ton einer Installation von nebenan, die man noch gar nicht gesehen hat. Die Kunstkritikerin Julia Voss berichtete 2015 entnervt von der Kunstbiennale in Venedig: »Aus den anderen Kabinetten brüllt, hämmert und tobt der Sound weiterer Filme. Die Erzählerstimme hört nur, wer sich dicht vor die Leinwand stellt. Dann können diesen Film die anderen Besucher aber nicht mehr sehen.« Im Kunstbetrieb haben sich hinlängliche professionelle Standards, wie Filme zu präsentieren sind, kaum durchgesetzt, gerade auch weil oftmals die eigentliche »Aufführung« des Werks gegenüber seiner diskursiven Einordnung und seinem Marktwert nachrangig behandelt wird. Die kuratorischen Lösungen verharren in den Konventionen des Kunstbetriebs, der einen selbstbestimmten und schwellenlosen Zugang zu ästhetischer Erfahrung verspricht und diese damit gründlich infrage stellt. »Das Missverständnis besteht, kurz gesagt, in der Auffassung, man könne die Filmgeschichte aus der Kinopraxis in die Gegebenheiten von White Cube und Black Box transponieren, ohne auf grundsätzliche, dem Material inhärente Bedingungen Rücksicht nehmen zu müssen. Oder anders: Man glaubt, die Filmgeschichte sei ohne die Filme zu haben.« (Volker Pantenburg) Die traditionellen Auswertungshorizonte für künstlerische Filme verlieren rasant an Bedeutung, während mit der Erosion von sinnvollen professionellen Standards der Präsentation, die sich am Kino ausgebildet (und als sinnvoll erwiesen) haben, eines bestimmten Stands der Theoriebildung und eines Begriffs von Film und Kino überdies, eine voreilige Anwendung von Konventionen des Kunstbetriebs auf den Film als Kunstform einhergeht. Man ist daher schon dankbar, wenn die Künstler das Kino nicht ganz kampflos aufgeben, wenn es um die Präsentation ihrer Filme geht. Steve McQueen etwa hat für seinen Film WESTERN DEEP (2002) auf der documenta 11 verfügt, dass die Arbeit nur zu bestimmten Zeiten zu sehen sein und auch kein Nacheinlass erfolgen dürfe.

Die Standards, die man in der Präsentation im Kino kannte und schätzte und die das cinéphile Verständnis des Films so stark prägten, eine lichtstarke und scharfe Projektion, eine helle Leinwand, die Black Box, Anfang und Ende, all das wurde durch zum Teil unzureichend abgedunkelte und akustisch durchlässige Räume und den Loop gründlich erschüttert. Peter Kubelka betonte immer, sein »Unsichtbares Kino« (erstmals 1970 in New York realisiert), in dem die gesamte Architektur zurücktrat (»unsichtbar«) wurde, sei keineswegs radikal, sondern lediglich »normales« Kino (im Vergleich zur Praxis an anderen Orten also gewissermaßen originär). Bei den taghellen, lauten und beengten Ständen der Kunstmessen sind die Beschränkungen offenkundig, aber auch in Ausstellungen begnügt man sich gerne mit weniger, als im Kino Mindeststandard war. Film wird hier selten nach seinen technischen Notwendigkeiten und Möglichkeiten vorgeführt. Nichts deutet darauf hin, dass man verweilen und konzentriert etwas anschauen soll. Bescheidwissen ist alles. Hauptsache, man hat in der Ausstellung alles gesehen, Preview wird zum Standard ästhetischer Erfahrung. Sitzgelegenheiten gibt es entweder keine oder nur solche, von denen aus man nichts oder wenig sieht. Meist erklärt dann der Katalog, also der Diskursrahmen, wie man etwas, das man nicht, teil- oder nur ansatzweise gesehen hat, zu verstehen habe. Derart hohe und auch privilegierte Maßstäbe und Räumlichkeiten der Präsentation, wie sie etwa die Sektion »Art Unlimited« der Art Basel für Kunstmessen setzt, sind die Ausnahme. Das Missverständnis zwischen Kino und Kunstbetrieb ist alt. Julie Reiss überliefert die Anekdote, dass der berühmte schwedische Kurator Pontus Hultén (selbst kein schlechter Filmemacher) Charlie Chaplin überreden wollte, für eine Ausstellung 1968 im MoMA in New York einen auf Video überspielten Ausschnitt aus MODERN TIMES (1936) zur Verfügung zu stellen. Chaplin lehnte offenbar degoutiert ab. Wenige

Jahre später, berichtet Maxa Zoller in einem Essay über die legendäre Ausstellung »Prospekt 71: Projection« in der Düsseldorfer Kunsthalle, die vielleicht erste Medienkunstausstellung überhaupt, regte sich unter einigen Künstlern und Filmemachern ob der schlechten Präsentation und offenkundig merkantilen Ausrichtung Widerstand. Der Filmemacher Lutz Mommartz stellte in der Gegenveranstaltung »Film – Kritisch« dem »Raumerlebnis« der Ausstellung bewusst die Konsekution von Film im Kino gegenüber.

Ein Künstler wie Matthew Barney, der das Kino mit seinen eigenen Mitteln zu schlagen wusste, indem er sich seine Filme vom Kunstmarkt, nicht vom Publikum bezahlen ließ, konnte den Kunstmarkt (und die Sammler, die für seine Filme viel Geld ausgegeben hatten) nachhaltig irritieren, als er seine Werke, die dort eine erhebliche Wertsteigerung erfahren hatten, auf DVD unlimitiert ans Publikum verkaufen ließ. Jetzt stand die Auratisierung und Verknappung seiner Filme, die die Bedingung ihres Marktwertes war und ihre Öffentlichkeit regulierte, auf dem Spiel. Die Grenze zwischen Film und Kunst ist vor allem eine des Marktes, nicht zwangsläufig des individuellen künstlerischen Anspruchs und des Selbstverständnisses. Der Kunstbetrieb ist nicht eigentlich ein Markt; er ist vielmehr ein symbolisches System, das auf Inklusion und Exklusion beruht und darüber fortlaufend Wertbestimmungen vornimmt. Wer nicht Teil dieses Systems ist, hat ohnehin wenig Aussicht auf Erfolg. »Die geheimnisvollen sozialen Bräuche, welche diese Tatsache umstellen, der Stoff, aus dem die soziale Komödie gemacht ist, lenken von dem Geschäft ab, das darin besteht, einem Objekt materiellen Wert zuzuschreiben, das an sich keinen besitzt«, sagt der Kunstkritiker Brian O'Doherty.

Ein glänzendes Beispiel für diese Entwicklung ist Douglas Gordons und Philippe Parrenos Zidane, A 21st Century Portrait

(2006), zu dessen Erfolg ebenfalls nicht unwesentlich die Namen, vor allem aber die Ausstellung der Produktionsmittel beitrugen. Der bekannte Kameramann Darius Khondji, den man bereits von David Finchers Filmen kannte, führte siebzehn HD-Kameras, um einen sehr bekannten Fußballspieler während eines einzigen Spiels zu zeigen. Der Produktionsetat habe über fünf Millionen Euro betragen, wovon der überwiegende Teil an den Fußballclub Real Madrid und seinen Spieler ging, sagt man. Die Premiere fand während der Art Basel im von Herzog & de Meuron entworfenen Stadion statt, in dem von dem Mogwai-Soundtrack nur noch Dröhnen blieb. Der Hype um das unbekannte Werk der bekannten Namen genügte als Ausweis der Kunst. Das Kunstwerk stellt aus, was es wert ist. Der Warencharakter des Werks wird zum Schauwert, die *production values* des Kunstwerks werden zum Fetisch – größer, teurer, sensationeller: kulinarisches Kino. Martin Arnold ließ für DEANIMATED (2002) mit einem Etat, für den normalerweise kleinere Spielfilme entstehen, ein Team von vier Mitarbeitern dreizehn Monate lang einen alten Hollywoodfilm digital retuschieren, um das Werk dann aufwendig im Museum als Installation zu präsentieren. Drei Jahre und neun »research assistants« brauchte es angeblich, damit Christian Marclay für die vierundzwanzig Stunden von THE CLOCK (2010) Material aus alten Filmen zusammentragen und montieren konnte. Mathias Poledna, früher ein herausragender Gestalter, bespielte mit IMITATION OF LIFE (2013) den Österreichischen Pavillon in Venedig mit einer rund dreiminütigen Animation im Stile Disneys der dreißiger Jahre. Mehr als fünftausend Einzelzeichnungen wurden von einem riesigen Team, das sich auch aus Mitarbeitern der Studios in Hollywood zusammensetzte, und angeblich mit einem Budget von 1,1 Millionen Euro zu einem täuschend den Vorbildern ähnelndem Kurzfilm zusammengefügt; die Musik wurde von einem 52-köpfigen Orchester in den Studios der Warner Bros. auf einer historischen Bühne aufgenommen. Der zuständige Kurator Jasper Sharp versteigt sich in seinem Begleittext zur These, das Werk stelle einen Kommentar zur Geschichte des Pavillons, ja gar zur Geschichte österreichischer Künstler im Exil dar. IMITATION OF LIFE tritt vor allem den traurigen Beweis an, dass allein der Kunstbetrieb noch imstande ist, ein Verfahren zu wiederholen, das vom Kino erfunden wurde. Im Pressetext zur Arbeit wird der »enorme Arbeitsaufwand« zur »besonderen Eigenschaft des Films« erklärt. Der Kunstbetrieb triumphiert gegenüber dem Kino; die Imitation des filmischen Vorbilds wird zum Potenzbeweis des Kunstbetriebs, der Budgets für kurze Filme bewegt, die mittlerweile für einen langen Kinofilm kaum noch aufzubringen sind. Wenn man sich den Giardini, die die Kunstbiennale beherbergen, durch die Stadt nähert, säumen die Leichen der Kinos die Straßen. Das Kino ist schon tot, bevor man bei der Kunst ankommt.

ZIDANE liefert den fortgeschrittenen Industriegesellschaften ein zeitgemäßes Reiterstandbild; das ist seine ideologische Dimension. Künstlerisch gesehen hätte es vielleicht eher einer Kritik der Produktionsbedingungen, unter denen der Film entstanden ist, bedurft. Freilich werden die wenigsten der etwa zweitausend Zuschauer in Basel gewusst haben, dass es sich hier lediglich um ein Rip-off eines anderen Werks des Avantgardefilms handelt, Hellmuth Costards FUSSBALL WIE NOCH NIE (1970), das nicht einmal im Abspann erwähnt wird. Costard filmte mit sechs 16mm-Kameras den Fußballer George Best, der bei Manchester United spielte. Während die faszinierende Abweichung von der Konvention einer Fernsehübertragung bei Costard darin besteht, die Mikroerzählung eines einzelnen Fußballers gegen die Großerzählung des Spiels zu behaupten, wird bei Gordon und Parreno ein Star vorgeführt, der auf dem Spielfeld nur noch Widerschein seines Marktwertes außerhalb desselben ist. Dies gibt verbindlich Auskunft über die Beschaffenheit des Kunstbetriebs, der nicht nur Filmgeschichte unwidersprochen ignorieren kann, sondern darin auch noch die Macht zu dessen Adaption vorführt, die Macht zu vergessen und die Macht zu definieren. ZIDANE bezeichnet genau den Moment, in dem der Kunstbetrieb gegenüber der Filmgeschichte obsiegt, den Moment, in dem der Kunstbetrieb die Definitionshoheit über den Film als Kunstform universal übernommen hat. Ob der Film nach Basel auch in den Kinos etwas Geld einspielte, dürfte in dessen Wertschöpfungskette kaum eine Rolle gespielt haben, war er doch bereits vorfinanziert, war doch die Auswertung auf CD und DVD bereits in vollem Gange.

Die Macht der Definitionshoheit, die vom Kunstbetrieb ausgeht, wird mittlerweile an vielen Arbeiten sichtbar, die in und vor allem für den Kunstbetrieb entstehen. Nichts an Cyprien Gaillards NIGHTLIFE (2015) zum Beispiel vermag immanent zu begründen, was die Galerie- und Ausstellungstexte wortreich in dieses Werk verfrachten wollen. Auch im Falle dieses Werks ist der technische Aufwand, der nicht nur zu seiner Produktion betrieben wurde, sondern vor allem zu seiner Präsentation mit avancierter digitaler 3D-Technik vonnöten ist, immer wieder Mittelpunkt des Diskurses über das Werk. Der Diskurs vollendet, was am Werk und seiner ästhetischen Binnenstruktur selbst Behauptung bleibt, handwerklich gesehen nur eine gerade einmal notdürftig zusammengezimmerte Abfolge von Schauwerten darstellt (inklusive Drohnenflug und Feuerwerk), die natürlich exquisit präsentiert werden. Einen Zusammenhang zwischen »rassistischer Nazi-Ideologie«, dem Berliner Olympiastadion und dem Baum, den Jesse Owens in Cleveland gepflanzt hat, mag man generell vielleicht kontextuell anerkennen, jedoch am Werk nicht ablesen. Die »Deutungen« des Werks, ob in Ausstellungsführungen oder in Vorträgen, im Pressetext, dem Katalogessay oder der Kritik gleichen mittlerweile dem Talk, mit dem mir das Werk in der Galerie oder der Messe nahegebracht werden soll, sie verweigern die weitaus dringendere Antwort auf die Frage nach der künstlerischen Qualität des Werks selbst.

Das Werk mag »kritisch« sein in seinen Intentionen (doch nicht in seiner Form): Es handelt von Identität, Migration, Rassismus usw. Je kritischer, desto besser. In die Falle der Intention tappt jede Kritik, die auf eine genaue Untersuchung des Werks verzichtet und von ihm nicht jederzeit den radikalen Ein- und Widerspruch gegen den Diskurs fordert. Alles ist referentiell. Alles verweist auf Begriffe und Werte diesseits des Werks. So wird das Werk verfilmte Theorie, Ausdruck eines Common Sense, der sich gebetsmühlenartig bestätigen kann in dem, was er sieht. Je weniger konsistent ein Werk ästhetisch erscheint, desto empfänglicher wird es gegenüber einem Diskurs, der es fortschreibt und ihm Wert zuschreibt. Werk und Diskurs sind keine getrennten Sphären mehr, sondern gehen eine zwar labile, aber untrennbare Einheit ein. Das Werk ist kein stummes Rätsel, das es immer wieder aufs Neue zu lösen oder zu ergründen gilt; der Diskurs, der zum Bestandteil des Werks geworden ist, entschlüsselt vielmehr unablässig, was ich wahrnehme, weil das Werk sich dem Diskurs nicht entgegenstellt, sondern sich ihm ausliefert; der Diskurs souffliert mir das Werk mit unhörbarer, aber fester Stimme; er kontrolliert es im Sinne des Systems, in dem das Werk entstand und seinen Wert auch fortwährend behaupten muss. »Was ist qualitativ gute, was ist schlechte Kunst angesichts einer inflationären Konzeptkunst, die alles behaupten und für sich in Anspruch nehmen darf, ohne es künstlerisch realisieren und durch konkrete Werke unter Beweis stellen zu müssen?«, fragte der Kunsthistoriker Eduard Beaucamp 2017 sichtlich ungeduldig in der *Frankfurter*

Allgemeinen Zeitung: »Heute genügen Allerweltsideen und Konzepte, hochgemute Absichten und mehr oder weniger korrekte Botschaften.« Umfangreiche Texte in der Ausstellung, hochwertige Kataloge und elaborierte Kunstvermittlung auf allen Ebenen (off- wie online), der man sich kaum noch entziehen kann, sorgen dafür, dass ja keiner etwas missversteht oder voreilig auf die Idee verfällt, es könne sich womöglich doch um ziemlich schlechte Kunst handeln.

Zugespitzt gesagt ist die Lesart, die mir vorgegeben wird, auch die einzige Lesart, die das Werk noch zulässt. Die Lesart ist nicht eine individuelle, spekulative und dem Wesen nach *kontingente* Interpretation, sondern affirmative, tautologische Reproduktion eines Diskurses, der dem Werk vorausgeht. Das Werk muss im Grunde einen unendlichen Diskurs gleichartiger, sich also nicht widersprechender Lesarten ermöglichen, eine fantastische Maschine, die Sinn und Wert produziert. Ideologisch wird ein Werk, egal wie »kritisch« seine »Aussage« sein mag, wo der Klassenkampf zwischen Sichtbaren und Sagbarem eingestellt wird, wo das Werk seiner Interpretation keinen Widerstand mehr entgegensetzt. Das Werk kommt nicht zur Ruhe; es darf nicht vergessen werden; es muss sprechen, wie von einem unsichtbaren Dompteur angetrieben. Egal, was ich über es sage, ich sehe, was mir der Betrieb diktiert, wie ich die Welt zu beurteilen habe. Es gibt keine mögliche Deutung und vor allem keine Wirkung des Werks mehr jenseits des Diskurses, der dem Werk immer schon vorausgeht. Kritik kann gegenüber dem Werk kein Risiko mehr eingehen, denn dem Werk gegenüber wurde das Spektrum möglicher Lesarten bereits vorgegeben, abgeschritten und abgesichert. Jeder Diskurs über ein solches Werk bestätigt die Deutungshoheit des Marktes über dasselbe. Der Markt geht kein Risiko ein, weil das Werk sein eigener Diskurs ist und »Kritikalität« seine Reklame.

Man versteht, warum ältere Positionen der Medienkunst, wie etwa Bill Viola, die ganz einer ästhetischen Intention (man ist fast geneigt zu sagen: »ästhetizistisch«) verschrieben und nicht referentiell verfasst waren, aus der Mode kommen: Nur ein Werk, das den Diskurs nährt, das »brandaktuell« ist, darf mit Aufmerksamkeit und Anerkennung rechnen. Markus Metz und Georg Seeßlen zeigen auf, wie der Kunstmarkt partiell Kunstgeschichte und damit abweichende, spekulative, kritische Lesarten abschafft, indem er sein eigenes »Narrativ« durchsetzt. Es verwundert daher auch nicht, dass NIGHTLIFE in Düsseldorf in Zusammenarbeit zwischen Museum, privater Sammlung und einem »Fashion- und Lifestyle-Unternehmen« präsentiert wurde. Das Museum trägt zur Aufwertung des Werks in privatem Besitz bei, während Privatbesitz gönnerhaft im öffentlichen Raum ausstellt, freilich unter vollständiger Kontrolle des Kunstmarkts. Das Problem der Adaption des Films im Kunstbetrieb freilich ist nicht so sehr die rücksichtslose Ökonomisierung der Beziehungen, sondern die Durchsetzung eines neuen Wahrnehmungsdispositivs.

So entsteht im Kunstbetrieb eine neue Form des Monumentalfilms: »Zwischen Hightech und Historie ist auch der monumentale Film *Nightlife* angesiedelt.« (Pressemappe zur Ausstellung) »Die Künstlerin Rosa Barba errichtet eine monumentale Skulptur in der Rotunde der SCHIRN.« (*Schirn Magazin*) »Das Museum Villa Stuck präsentiert in Kooperation mit der Sammlung Goetz die monumentale 13-Kanal-Film-Installation in einer Ausstellung.« (Pressemitteilung der Sammlung Goetz) »*The Clock* ist das bisher größte Monument der Remix- oder Mash-up-Kultur.« (*Die Zeit*) Einerseits werden die Werke immer aufwendiger produziert und präsentiert, andererseits werden ihnen mitunter Kinostars als Beigaben zugemischt, die für zusätzliche Öffentlichkeit sorgen. So ließ Candice

Breitz für Love Story (2016) Alec Baldwin und Julianne Moore Geschichten von syrischen und somalischen Flüchtlingen vortragen (statt diese selbst zu Wort kommen zu lassen) und Julian Rosefeldt in Manifesto (2015) Cate Blanchett Künstlermanifeste. Eine clevere Strategie, die Celebrities mit Schauwerten zu verbinden weiß, nutzt Film zu einer neuartigen Temporalisierung und Eventisierung (»Kinematographisierung«, wie Metz und Seeßlen sagen) des Kunstwerks. Kunst jubelt sich zur Überwältigungsästhetik hoch (die im Zweifelsfall von den Aussagen der Flüchtlinge und Intentionen der Künstlermanifeste kaum noch etwas übrig lässt). Die Präsentation der Werke, die erst durch umfangreiche Kooperationen zwischen öffentlichen und privaten Geldgebern und durch aggressives Ausstellungs- und Standortmarketing möglich werden, reklamieren eine solitäre Sichtbarkeit, die eine Berücksichtigung in einer kuratierten Gruppenausstellung kaum noch zulässt oder von vornherein ausschließt. Rosefeldts Arbeit etwa muss auf dreizehn riesigen Leinwänden nebeneinander präsentiert werden. Das vermittelt dem Zuschauer einen Eindruck, wie ihn wohl der mittelalterliche Besucher einer Kathedrale gehabt haben muss. Es sind gerade die technischen Bilder, die Ausstellungsräume heute wieder zu adorativen Orten machen. Kino kehrt in der Kunst als Kult zurück in einem Kunstbetrieb, der widerspruchsfreie Versöhnung der Gegensätze verspricht.

FILM WIRD SKULPTURAL

Die lange Geschichte einer vorkritischen Adaption von Filmgeschichte durch den Kunstbetrieb nahm unter anderem mit Gordons 24 Hour Psycho (1993) ihren Ausgang. Gordons Kunstgriff bestand darin, Hitchcocks Arbeit auf vierundzwanzig Stunden auszudehnen und in eine Black Box zu stellen und somit in den Kunstbetrieb. Nicolas Bourriaud bezeichnete solche Verfahren rein affirmativ als »Postproduktion« von Bildern mittels digitaler Technik in der zeitgenössischen Kunst. Man erkennt jedoch auf Anhieb den Unterschied zu Warhol: Indem der Zwang zur Wahrnehmung, der dem Kino eigen war, aufgehoben wird – denn weder Ästhetik noch Präsentation der Arbeit deponiert das Publikum in einer *anderen* Zeit –, dreht die Arbeit ins Dekorative und verleitet das Publikum allenfalls zu leerer Interaktivität. Während der Avantgardefilm mit Found Footage, also mit der Verarbeitung von überliefertem und zum Teil sehr bekanntem Material (etwa aus Spielfilmen), schon sehr früh eine Art Psychoanalyse des Kinos praktiziert und diesem ein Bewusstsein seiner selbst verschafft hat (zunächst bei Joseph Cornell, vor allem bei Bruce Conner, später dann bei Matthias Müller und anderen), stellt die Wiederaneignung von Filmgeschichte durch Found Footage im Kunstbetrieb eine Aneignung der Schauwerte des Kinos dar, mit dessen Produktionsmitteln und -weisen der einzelne Künstler nicht annähernd konkurrieren kann. Die Grenze zwischen einer eigenständigen künstlerischen Bearbeitung des Materials und der bloßen Ausbeutung unter der Behauptung seiner Kunsthaftigkeit zu ziehen wurde immer schwieriger. Im Einzelfall ist sie Gegenstand juristischer Prüfung mit Blick auf den möglichen Missbrauch von Autorenrechten. Etwas belustigt nimmt man zur Kenntnis, wie Künstler, die filmisches Material unter Berufung auf eine eigenständige künstlerische Bearbeitung ohne Rechte (und Rechteabgeltung) verwenden, auf einmal argwöhnisch über die Wahrung ihrer eigenen Autorenrechte ebendieser Bearbeitung wachen. Die Verwendung von Found Footage gehört im Kunstbetrieb mittlerweile zum vollkommen kritiklos hingenommenen Alltag einer mal dekorativeren, mal diskursiveren Ausschlachtung der Filmgeschichte und des Kinos (oder privater Bilder von Amateurfilmen). Die bloße Gegenüberstellung von unbearbeiteten Ausschnitten mit (bekannten) Schauspielern aus Spielfilmen in der skulpturalen Form der Installation wird oft schon als kritische Leistung gefeiert, etwa bei Candice Breitz' SOLILOQUI TRILOGY (2000) oder HIM + HER (2008) oder in vielen anderen, weitaus weniger prominenten Fällen. Stellte die Auseinandersetzung mit gefundenem Material einmal auch eine Kritik des Kinos dar, ist Found Footage im Kunstbetrieb zunehmend zur nostalgischen Affirmation und Fetischisierung des Kinos geraten. Akribisch werden die Archive der Filmgeschichte nach Motiven und Personen durchforstet, mal seriell angeordnet, mal zur Miniatur verdichtet. Die Arbeiten übertreffen sich an erstaunlich penibler Sammelwut, der Finderlohn aber ist selten Erkenntnis.

Simon Reynolds' Befund der »Retromanie« in der aktuellen Popkultur trifft in besonderem Maße zu auf den Gebrauch von Found Footage als künstlerisches Verfahren mit Bildern des Kinos, gerade angesichts der neuen digitalen Archive auf DVD und im Internet, die eine regelrechte Inflation gefundener Bilder entstehen ließen und eine neue Beliebigkeit des Umgangs mit ihnen. Die Problematik dieses künstlerischen Verfahrens besteht darin, dass das fleißige und handwerklich oftmals tadellose, zuweilen faszinierende Recycling der anhaltenden Rückbesinnung auf die Bildwelt des Kinos keine neuen Bilder mehr hervorbringt, sondern sich selbst als strukturelles Prinzip absolut zu setzen droht. Christian Marclays TELEPHONES (1995) ist ein frühes und einflussreiches Beispiel dafür, wie man sich mit dieser Form der Reduktion erfolgreich auf dem Kunstmarkt etablieren kann. Marclay verbindet Filmszenen von Schauspielern, als würden sie miteinander telefonieren, sodass eine Art Dialog zwischen fiktiven Personen entsteht. So wird Filmerfahrung auf eine serielle Ansammlung, auf das Wiedererkennen von Motiven reduziert, die einmal nur das Kleingeld des Kinos waren, Teil einer weitaus komplexeren erzählerischen (auch ideologischen) Logik und vor allem einer alternativen Zeit- und Wirklichkeitserfahrung.

Found Footage wird zum Krisensymptom jener Erosion des filmischen Bildes, das, wie Serge Daney sagte, zum *informellen Bild* geworden ist. Das macht Found Footage auch so attraktiv für die Werbung. Der Erfolg von Lana Del Reys Musikvideo VIDEO GAMES (2011) beim Publikum etwa beruhte nicht zuletzt auf der Beschwörung des Vergangenen durch den dekorativen Retrolook verschlissener Bilder, die man zuvor allenfalls aus experimentellen Filmen kannte. In ihrem Musikvideo LOVE (2017) scheint Zukunft nur noch im Vergangenen möglich zu sein, Science Fiction als gelungene Ankunft in der Erinnerung, Popkultur als rückwärtige Utopie. »Endliche Versöhnung«, die Adorno schon an Schubert aufstieß, hebt hier die Vorstellung jedweden Fortschritts auf in der unendlichen

Verfeinerung des schon Dagewesenen. »Retromanie« ist stillgestellte Zeit in einem unentrinnbaren Archiv. Found Footage bedient sich heute weitgehend der von Conner, Müller und anderen schon vor Jahrzehnten erfundenen Verfahren. Wenige allerdings waren so originär wie Bjørn Melhus, der – etwa in AUTO CENTER DRIVE (2002), aber im Grunde in all seinen Arbeiten – nur die Tonspur von alten Filmen benutzt, sie aber selbst mit eigenen Ausdeutungen und einer Vielzahl fremdartiger Figuren besiedelt und verkörpert. Melhus missbraucht das filmische Material nicht, um eine ästhetische Nähe vorzutäuschen, sondern verwendet es im Gegenteil als Ausgangspunkt eines eigenständigen Verfahrens. Er erliegt niemals der Versuchung, die Bilder des Kinos zu verschlagworten und sich mit ihrer primären Ikonografie zu begnügen, weil sein Sound Footage stets eine triftige Interpretation einer neuartigen Wirklichkeit als Film und vor allem ein eigenständiges künstlerisches Verfahren darstellt. Kino wirkt hier eher als Resonanzraum, weit, weit weg.

Die Medienkünstlerin Jesse McLean merkt daher im Gespräch mit Christian Höller an: »Eine der größten Herausforderungen beim Arbeiten mit bereits existierendem Material liegt darin, sich zu fragen, inwiefern dieses Material und die angewandte Methode für die Gegenwart relevant sind. […] Ich denke, man sollte vom verwendeten Material nicht bloß verzaubert sein. Wenn man nach dem Potenzial von egal welchem Artefakt fragt, sollte man sich auch stets darüber im Klaren sein, warum man es hier und heute zum Einsatz bringt.« McLeans Werk zeichnet sich durch einen neuartigen Umgang mit Found Footage aus oder genauer gesagt durch ein neues Bewusstsein im Umgang mit Bildern, die uns aus dem Fernsehen und dem Internet bekannt sind und uns geprägt haben. Man hat das wenig erhellend als »Post Internet Art« oder »post-digital« bezeichnet. McLean entnimmt ihr Material vornehmlich privaten YouTube-Videos oder Fernsehformaten (Fernsehpredigten, Quiz- und Spielshows, Telenovelas usw.). Vordergründig beschäftigt sich McLean in ihren ersten Filmen mit popkulturellen Phänomenen: wie Leute Musik hören und fernsehen. Was ihre Arbeiten jedoch so radikal anders und verstörend macht, ist die Auseinandersetzung mit menschlichen Projektionen, die Ausdruck der Asymmetrie zwischen Gefühl und Technik in fortgeschrittenen Industriegesellschaften sind. McLean spürt Gefühlen wie Adoration oder Angst nach, die aus Fremdbildern resultieren.

In MAGIC FOR BEGINNERS (2010) heißt es: »People sometimes say that the way things happen in the movies is unreal, but actually it's the way things happen to you in life that's unreal.« Oder wie Karl Marx 1841 in den Anmerkungen zu seiner Doktorarbeit sagt: »Wirkliche Taler haben dieselbe Existenz, die eingebildete Götter haben.« Was ich mir vorstelle, ist eine wirkliche Vorstellung für mich. Wir machen Schulden auf unsere Einbildung. Das heißt, alle Götter haben eine reale Existenz besessen. Mit anderen Worten, McLean stellt nicht die Frage, was real am Glauben ist, sondern welche Realität der Glauben hat. Der Mensch ist in den Dingen abgelagert. Was wir sind, kann nur noch an den Dingen ermessen werden, mit denen wir uns umgeben. Wir begreifen uns in den Dingen, wir kommunizieren über Dinge. Und was wird von uns bleiben, wenn wir nicht mehr existieren? In McLeans THE INVISIBLE WORLD (2012) heißt es: »Unlike nature, science and technology are not static, they are restlessly on the move; and, at each further move that they make they produce disturbing and bewildering changes in the alien environment that they have imposed on us.«

Es erweist sich dabei als zunehmend irrelevant, ob es sich um gefundenes oder selbst erstelltes Material handelt. Was zählt, ist der Bezug zu einem Bild. McLean verwendet die Bilder niemals in einem atmosphärischen oder dekorativen Sinne – niemals also darf das Bild schöner Schein allein sein – oder additiv und seriell –, sodass die Bilder nach Ähnlichkeit aneinandergereiht Sinn ergäben. Manchmal stößt die schlechte technische Qualität des Materials, das in der Regel aus dem Internet stammt, nahezu ab und verleiht den Bildern eine fast rohe, unfertige, unbalancierte Anmutung. McLeans Bilder sind zuweilen erschreckend kunstfrei. Sie bevorzugt ein kunstloses, schmutziges Material, das keinerlei ästhetische Ansprüche im bildnerischen Verfahren verfolgt, etwa in den Fernsehpredigten oder Quizshows. Sie verweigert sich dem Additiven ebenso wie dem Dekorativen. McLean ist erkennbar durch das Fernsehen sozialisiert und weniger durch das Kino, stärker durch Shows als durch Filme. Das hat vor allem Auswirkungen auf den Umgang mit dem Material. Worauf sie abzielt, ist das Verhältnis zu demjenigen, der schaut und begehrt. Sie begegnet der Gefahr eines faszinierenden Bildes, indem sie diejenigen zeigt, die fasziniert sind. Die Bilder sind immer schon angeschaut, niemals ursprünglich, niemals zum ersten Mal gesehen. McLean sagt im Gespräch mit Kent Lambert: »I mostly use stuff that's widely available on purpose because the very fact that it's already swimming in the public sphere is part of my interest in using it.«

Die Bilder sind schon gesehen, gebraucht, abgenutzt; sie stehen in einem Verhältnis zu denen, die sie gemacht haben, sowie zu denen, die sie geschaut haben, uns. Hier fehlt genau die ästhetische und technische Qualität, die uns Found Footage zuletzt aus dem Mainstreamkino vorführte. Die Bilder sind allein ihrer eigenwilligen Bildqualität wegen ausgewählt (und nicht ihres Inhaltes wegen), ungeachtet ihrer Herkunft. McLean ist an der Entdeckung von Analogien nicht interessiert; sie will den Status der Bilder und deren ikonografische Wirkung neu sortieren. Es geht ihr nicht um eine Analyse in der »motivischen« Konsekution mehr oder weniger gleichartiger Bilder ähnlicher Herkunft (vor allem des »Hollywood«-Kinos), sondern um eine neuartige und vertiefte Bildwirkung eines präexistenten Bildes. McLean sucht ein gefundenes Bild, das wie neu erscheint durch den Kontext, in den es gestellt wird: kein originäres, authentisches Bild, seine Herkunft ist nicht relevant, sondern ein Bild, das uns die Blicke, die auf es gerichtet wurden, seinen sozialen Gebrauch spiegelt, ein sozial imprägniertes Bild. Das war der entscheidende Bruch mit der Tradition von Found Footage: ein gebrauchtes Bild so erscheinen zu lassen wie beim ersten Mal, das eine spezifische ungeheuerliche Bildwirkung entfaltet, obwohl es in der Regel selbst kein Artefakt ist. Unheimlich ist der Umstand, dass die Bilder zurückschauen. McLean entdeckt im Gefundenen keine Gleichartigkeiten, wie Found Footage bislang in der Analyse des kollektiven Unbewussten des Kinos, sondern Bilder, die etwas über unsere eigenen Ängste und Wünsche erzählen.

McLean entgeht einer generellen Gefahr im Umgang mit den gefundenen Bildern des Kinos: dass man sich entweder mit einer Wirkung des Bildes begnügt oder dass man die Bilder zu Motiven reduziert, die sozusagen immer das Gleiche zeigen, seriell, als Kalauer, wie in Marclays TELEPHONES. Found Footage war stets von beiden Seiten her gefährdet: zum Faszinosum oder zum reinen Motiv zu erstarren. Die Nachahmer von Conner und Müller werden heute auf YouTube tausendfach nachgeahmt. Das Internet ist zu einem riesigen Archiv geworden, in dem tendenziell jeder auf alles Zugriff hat. Das entwertete das Verfahren, das einmal dazu geeignet schien, dem erzählerischen Film und damit unserer Kindheit eine Subgeschichte zu entlocken. Die motivische Ausschlachten von alten und nunmehr allseits verfügbaren Filmen wurde inflationär und verhindert zunehmend die Auseinandersetzung mit der Frage, was nach oder mit Found Footage künstlerisch noch komme könne, ob man also überhaupt noch neue Bilder machen könne, ob alles im Grunde schon einmal erzählt, gezeigt und gedacht wurde. Der Umstand, dass das Material, das man da weiter verwendete, bereits einem veränderten gesellschaftlichen Gebrauch unterlag, wurde nicht sichtbar, ja nicht einmal diskutiert. Die Auseinandersetzung mit Found Footage seit dem Internet, den digitalen Schnittsystemen und spätestens seit dem Start von YouTube im Jahr 2005, kurzum: seit der »Ununterscheidbarkeit von Kunst und Hobbyclip« (Vera Tollmann), war im Wesentlichen davon bestimmt, dass zwar die Fundstücke immer kurioser und die Schnittfolgen immer virtuoser wurden und das Genre explodierte, aber eine Auseinandersetzung mit den gesellschaftlichen und medientechnologischen Veränderungen kaum mehr stattfand. Alles ging munter weiter, nur schöner. Die Unterschiede wurden nivelliert, das zeitlich Entfernte umstandslos synchronisiert, Subjektivität als stringentes Verständnis von Wirklichkeit eingesetzt. Ging es anfangs noch um ein analytisches und historisches Verhältnis zu entfernten Bildern der Filmgeschichte, verweist das Verfahren zunehmend auf ein metahistorisches Narrativ und einen traditionellen Künstlertypus, der sein Material nach rein formalen Gesichtspunkten betrachtet. Der Maßstab des Zugangs gegenüber den Bildern war nicht mehr geschichtlich, nicht mehr durch Kriterien der Konsekution und Disruption, der Entwicklung und des Unterschieds bestimmt, sondern durch Gleichzeitigkeit und Verfügbarkeit. Internet simuliert eine Simultanität von Filmgeschichte durch schrankenlosen Zugang. Die Verfügbarkeit des Materials ließ an eine Gleichartigkeit der Bilder glauben, ungeachtet ihrer Geschichtlichkeit. Die Verwendung von Material aus alten Filmen hat an kritischer Relevanz verloren, seit Fernsehen und in der Folge das Internet als sozialisierende Kräfte erkennbar wurden, als deutlich wurde, dass das Kino und damit auch die Filme, die für das Kino entstanden waren, ihre gesellschaftliche Bedeutung einbüßten, seit die Leute aufhörten, alte Filme zu sehen und Filme nicht mehr im Kino oder kaum noch im Fernsehen. Die Bilder des Kinos wurden zur Freakshow.

Inhaltlich gesehen erweitert McLean nur das Feld der Provenienz, weg vom Spielfilm hin auf Fernsehshows oder zu privaten Videos auf YouTube. Formal aber geht sie viel weiter, denn sie verändert die Analytik der Montage, indem sie sich abwendet von einer seriellen Gegenüberstellung von Motiven, einer Verkettung gleichartiger Bilder des Spielfilms. Das Verfahren simuliert keine falsche Simultanität von im Grunde geschichtlichen Bildern, sondern historisiert den simultanen Zugang zu Bildern. McLean richtet den Blick auf den Umstand, dass wir durch das Internet Bilder anders zu betrachten (zu »lesen«) und zu gebrauchen beginnen, und wirft dadurch die Frage auf, wie und was wir überhaupt noch sehen. So macht sie den veränderten Zugang zur Wirklichkeit, den Bildern der Welt erkennbar, dass die Bilder distanzlos, gleichzeitig und verfügbar sind; und gerade dadurch verändert sie das Verhältnis zu ihnen. Die Entdeckung der Gleichartigkeit von Motiven, die serielle Vorgehensweise in der Anhäufung des Materials war eine Erfindung des Avantgardefilms, der mit dem Abfall des Kinos zu arbeiten begann, der die Bilder des Kinos neu ordnete, da er die Mittel nicht besaß, sie neu zu gestalten, und der so aus einem Mangel heraus dem Erzählkino zu einer neuen Sprache, zu einem Bewusstsein seiner selbst verhalf. Dieses Verfahren förderte ungeheuerliche Einsichten zutage, da die Bilder aus der Logik der Erzählung gebrochen und neu angeordnet wurden, aber es blieb regelmäßig auf halber Strecke stehen, denn es blieb auf die Herstellung von Analogien, im Grunde also die Gegenüberstellung bzw. Konfrontation von Bildern beschränkt und wirkt naiv angesichts der Bilder, die das Internet täglich hervorbringt. Der Status des einzelnen Bildes wurde kaum infrage gestellt, da man im Grunde an Kollision und Verkettung der Bilder und generell an die kritische Kraft der Montage glaubte, auch dann noch, als der Algorithmus im Internet längst für uns montierte, was und wie wir sehen, und uns von einem affektiven Bezug zu Kino (als einem kognitiven Raum) abgetrennt hatte. Die Falle von Found Footage war stets der bloße Effekt der motivischen Arbeit, die falsche Gleichartigkeit, die Faszination des (bereits gestalteten) Bildes, die bewundernswerte Mühe, mit der man da Bilder anhäufte. Stets drohte man den Bildern auf den Leim zu gehen. Man ließ sich auf eine formell virtuose, mitunter amüsante Bastelei mit den Bildern des Kinos ein, die man schließlich perfekt beherrschte. Man weidete das Kino aus, hatte aber dem Kino auf Dauer nur seinen eigenen verblassenden Glanz entgegenzusetzen. Aus einem analytischen Gestus der Avantgarde wurden experimentelle Laubsägearbeiten, die man kritisch abnicken konnte. Found Footage wurde zum Endspiel des Kinos, selten eindrücklicher und schmerzhafter als in den Arbeiten von Oliver Pietsch, etwa in MAYBE NOT (2005), DOMIN, LIBRA NOS (2006) oder BLOOD (2011), die aus den Bildern des Kinos einen orgiastischen Exzess von Gewalt, Blut und Tod komponieren, als ob das Kino, das im Internet seine Bilder auf ewig hinterlässt, uns im Moment seines Untergangs die eigene Mortalität vor Augen führen wollte als kollektives Exerzitium.

McLean zeigt, wie das Fernsehen das Private öffentlich macht und aufhebt. Dabei dienen ihr Dauer oder Wiederholung, bis zur Schmerzgrenze, als Mittel. Ehe sie der Gefahr erliegt, ein faszinierendes Bild zu zeigen, verweigert sie dem Bild den Sinn, wie etwa in REMOTE (2011), wo sie das Bild konsequent abschneidet, bevor etwas geschieht, das es anfüllen könnte. Die Erzählung, alle Personen, alles

Motivische werden aus den Spielfilmen abgeräumt, um an den Rändern der Bilder das aufscheinen zu lassen, was Erzählung stets verdrängte: das Vorsprachliche als Horror. McLean extrahiert aus den Fernsehshows zum Beispiel immer den Moment des Abwartens, die Unterbrechung des gesellschaftlichen Narrativs, jene fast gespenstisch wirkenden Momente, in denen ungewiss ist, ob die Stille in Gewalt, Untergang, Unterwerfung oder vielmehr Erlösung umschlagen wird. Das Bild wird an den Punkt gebracht, an dem es nichts mehr erzählt, nichts mehr repräsentiert, sich plötzlich transformiert, als setzte es zum Sprung an. Das ist aber keine Qualität des Bildes selbst, sondern der Dauer, die McLean ihm verleiht, zuweilen penetrant, etwa in The Eternal Quarter Inch (2008), wenn wir gemeinsam mit dem Publikum eines religiösen Konzerts andächtig ausharren müssen. Die Bilder müssen an einen Punkt gebracht werden, an dem sie aus der gesellschaftlichen Struktur, der sie angehören, herausgebrochen werden, an dem die gesellschaftlich-mediale Konditionierung der Gefühle transformiert wird: der Einbruch des Realen ins Symbolische, etwa das Erdbeben in Somewhere Only We Know (2009). Die Vorstellung wird unterbrochen im doppelten Wortsinn als ein Jetzt-könnte, Jetzt-müsste, der Moment, wenn die gesellschaftlich-mediale Konditionierung der Gefühle aussetzt und eine Begegnung mit sich selbst stattfinden könnte. McLean macht den blinden Punkt der Faszination erfahrbar, bilderlos inmitten der Bilder.

Die Krise von Found Footage fällt zusammen mit dem Erfolg des Verfahrens im Kunstbetrieb. Dabei wird dem Film seine Wahrnehmungsform, die er dem Kino verdankte, genommen, auf seine Ikonografie reduziert und zwar als ununterbrochene Mitte, Klimax. Das künstlerische Verfahren wirkt daher zumeist nicht mehr analytisch, sondern vor allem additiv und dekorativ. So wurde im Falle von Christian Marclays The Clock (*Die Zeit* wusste: »das beliebteste Kunstwerk unserer Tage«), auch mithilfe der ausgeklügelten Medienstrategie einer marktbestimmenden Galerie, eher über den Aufwand, dessen es bedurfte, das Material zu ordnen, gesprochen, als über die ästhetischen Qualitäten eines Werks gestritten, das sowieso niemand ganz gesehen hatte und wahrscheinlich auch niemand ganz zu sehen brauchte. Die Arbeit unterwirft das gefundene Material aus Tausenden Spielfilmstücken, das einmal einer anderen, fremdartigen Zeit angehörte, Alltag und Chronologie. Man sieht im Film die Uhrzeit abgebildet, die jenseits von ihm gemessen wird. Der Film funktioniert also selbst wie eine Uhr; er dauert exakt vierundzwanzig Stunden und zeigt echtzeitsynchronisiert immer eine passende Filmszene. Filmzeit entspricht genau der Außenzeit. Filmzeit wird Realzeit. Mehr als Kunstfertigkeit gibt es auch nicht zu sehen, mehr als schon Bekanntes nicht zu entdecken. Der Kunstbetrieb führt hier vor, dass er nicht nur die Definitionshoheit über den Film als Kunstform übernommen hat, sondern auch über dessen Zeiterfahrung. Dazu passt, dass Marclay verfügte, das Werk dürfe nur in Museen gezeigt und auf keinen Fall heimlich kopiert werden (der Film existiert nur als Computerprogramm). Angeblich wurden die sechs Multiples des Films jeweils für Hunderttausende von US-Dollar an die größten Museen der Welt verkauft (darunter Centre Pompidou, MoMA und Tate Modern); andere interessierte Museen und Sammler gingen leer aus. Ein solches Werk türmt die Schauwerte, die es dem Kino entwendet hat, vertikal vor dem eiligen Besucher auf, der für Kino keine Zeit hat. Im Grunde spiegelt das Werk seinem Zuschauer zynisch eine Welt, die subjektive Erfahrung durch objektive Macht über Wirklichkeit ersetzt. Der Fluchtpunkt dieses strukturellen Prinzips ist die Suspension von Extension durch Gleichzeitigkeit, glamouröser Abschied von der Zeit, kalte Schönheit: die »Zeit in den Raum festgebannt«, wie Adorno über Wagner und dessen Tendenz zur Verdinglichung feststellte. Solche Werke sind in der Regel kurz genug, dass man sie auch in größeren Ausstellungen mit gedrängtem Programm noch anschauen kann, oder sie sind als Loop gestaltet, sodass es ohnehin gleichgültig ist, wo vorne und hinten ist oder wie lang sie sind. Es gibt nur noch Mitte. Kino wird als Schauwert aus der Zeit gebrochen. Das, was man hier aber dem Kino als Fundstück entrissen hat, war einmal notwendiger Bestandteil einer spezifischen Wahrnehmung und einer historischen Wirklichkeit, die nur als Kino, als Dauer und unter einem Zwang zur Wahrnehmung sichtbar werden konnte. Von Marclays (oder Douglas Gordons) Arbeiten kann man trotz ihrer Laufzeit nicht mehr behaupten, sie seien »episch«. Weder erzählen noch zeigen sie. Im Grunde sind es Tafelbilder, die dauern. Found Footage als Verfahren läuft gegenwärtig Gefahr, Kino dekorativ auszuschlachten und für den Kunstbetrieb herzurichten, ohne selbst neue Bilder zu entwerfen, und wird daher zum Symptom einer Krise, in der vom Kino nur noch die gebrauchten Bilder der anderen bleiben, alte Bilder.

Die »Entdeckung« von Filmemachern durch den Kunstbetrieb führte nicht nur zu einer ökonomischen Aufwertung ihres Werks, sondern auch zu einer Veränderung der Arbeitsweise von Künstlern, die mit Film arbeiten. Die Anforderungen des Kunstbetriebs wurden sowohl Teil der Präsentation eines Werks, das auf einmal als Loop darzustellen war, als auch seiner immanenten ästhetischen Gestalt; Form wurde sozusagen *customized*. Der Loop ist das Verfahren, das dem Zuschauer, der in einer mit unzähligen Werken vollgestopften Ausstellung zu einem beliebigen Zeitpunkt, oft ahnungs- und planlos, einen Raum betritt und der die Geduld, ein Werk in seiner Dauer mit Anfang und Ende »ganz« zu betrachten, gar nicht mitbringt, einen schwellenlosen Zugang zum Werk garantiert. Das Event ist die Ausstellung, nicht das Werk. Der Loop ist der implizite Zuschauer der Kunstausstellung, institutionelle Logik als strukturelles Prinzip des Kunstwerks. Im Grunde ist es der Blick des Sammlers, der ein Werk besitzen möchte, das bürgerliche Kunstwerk.

Auch da noch, wo es ästhetisch kaum plausibel erscheint, werden Filme geloopt, wirkt der Loop fast unausweichlich, bis in die Mikrotextur des Werks hinein. Die Werke lassen so die Dauer, dass also etwas Zeit ästhetisch einfordert, ja genuin darstellt, verschwinden. Das bedingt nicht zuletzt den Erfolg der Werke von Mark Lewis, Shirin Neshat, Fiona Tan und vieler anderer, die mit Strategien der Verlangsamung und Reduktion (und dabei durchaus mit Mitteln einer Überwältigungsästhetik) arbeiten. Musik wird oftmals zum Sounddesign, die Off-Stimme zur Erzählung, die sich nicht entwickelt, sondern sich gleichzeitig, auch kommentierend auf das Bild bezieht. War die Off-Stimme einmal eine künstlerische Strategie des Avantgardefilms (bei Marguerite Duras, Chris Marker, Alain Resnais und anderen), den Blick auf das Unsichtbare und die Zeit auszurichten, so wird sie im Kunstbetrieb zunehmend zum Mittel, den Blick in die Gegenwart und an die Oberfläche des filmischen Bildes und somit den kognitiven Prozess ins kritische Bewusstsein zurückzuholen. Die Off-Stimme dient also zunehmend der Orientierung des Zuschauers in Ausstellungen mit vielen Einzelwerken und gegenüber geloopten Arbeiten ohne Anfang und Ende. Alles soll sofort erfassbar sein. Die Off-Stimme wird zum eingebauten Audioguide. Alles strebt nach Vertikalität, *instant gratification*.

Der Loop inkorporiert den durch den Kunstbetrieb geleiteten Zuschauer als ästhetisches Verfahren. Das Werk wird zu einer visuellen Materie, in der sich die soziale Konvention des Kunstbetriebs bereits als Voreinstellung des Blicks und des Zugangs zu bewegten Bildern ausdrückt. Ein Werk muss binnen kurzer Zeit, ad hoc zu begreifen sein. Dauer stört. Das haben Malcolm Le Grice und Volker Pantenburg aufgezeigt: Im Kunstbetrieb setzen sich solche Werke am besten durch, die schnell erfassbar sind, deren »Aufmerksamkeitsökonomie« sich am besten in die institutionelle Logik einfügt. So hat eine ganze Reihe von Künstlern schnell gelernt, Filme entsprechend den Anforderungen des Kunstbetriebs zu gestalten. Dabei mögen bessere und weniger gute Kunstwerke entstanden sein. Diese Arbeiten aber, die weder Anfang noch Ende und nur noch die Mitte des impliziten Blicks kennen, ergeben Sinn strukturell nur noch im Zusammenhang einer Konvention des Museums, in einer Ausstellung für einen beiläufigen Blick. Dieser Logik gegenüber wird die Dauer eines Werks, das kaum einer von Anfang bis Ende betrachtet, ob es vierundzwanzig Stunden oder vierundzwanzig Minuten dauert, gleichgültig. Das verändert zugleich dessen Dramaturgie, die von Motiven des Kunstbetriebs, vom *Augenblick* des Betrachters dirigiert wird, nicht von der Zeit, die zur Wahrnehmung zwingt. So entstehen auf einmal lauter Filme, die immer viel zu lang sind, die niemals ganz gesehen werden wollen, die nur dauern, aber nicht vergehen. Mit dem Loop wurde die Länge einer Arbeit bedeutungslos. Sie kann im Grunde endlos dauern. In vielen Ländern, die politischer Umstände wegen von ihrer Filmgeschichte abgetrennt wurden, entstehen auf einmal künstlerische Milieus, die nicht filmisch sozialisiert wurden, eine postkinematografische Generation, die mit unterschiedlichen künstlerischen Verfahren gleichermaßen arbeitet und deren Filme für eine Auswertung in einem Kino gar nicht gedacht (und im Übrigen auch nicht geeignet) sind. Viele der Arbeiten, die im und für den Kunstbetrieb produziert werden, können kaum mehr sinnvoll in einem Kino vorgeführt werden, da sie kaum noch Dramaturgie besitzen. Während Kino darin bestand, den Blick zur Wahrnehmung der Zeit des Films objektiv zu zwingen, wird der Film hier zum Objekt eines subjektiven Blicks verdinglicht, der Bilder goutiert. Das ist das Gegenteil von Kino.

Viele Galeristen, Kuratoren und Sammler sind gar nicht daran gewöhnt, sich ein Filmprogramm im Kino anzuschauen, das aus einer Vielzahl von unterschiedlichen Werken besteht und gerade darin seine Komplexität entwickelt. Ein Film entwickelt seine künstlerische Dimension in der objektiven Dauer des Werks, im Nacheinander, nicht in der subjektiven Dauer seiner Betrachtung. Das Verwertungsinteresse und der Druck zur Anwendung sind enorm. Viele Galeristen, Kuratoren und Sammler durchwandern Ausstellungen binnen kurzer Zeit und können und müssen anschließend auch noch ein ernst zu nehmendes Urteil abliefern. Die Dauer ist das am Film, was dem Kunstbetrieb suspekt und dem Kunstmarkt so schlecht verwertbar erscheint. Alles ist daher darauf ausgerichtet, dem Film die Dauer zu nehmen – oder genauer: das, was nur die Dauer hervorbringen kann –, sie durch Installation oder Loop *skulptural* und damit im Rahmen des Kunstbetriebs verwertbar zu machen. Ein Film, der für sich dem Prinzip nach die Vorführung unter bestimmten Umständen, also etwa den geregelten Einlass, einen vollständig verdunkelten Raum mit aufsteigenden Sitzreihen oder die Projektion auf 35mm verlangte, ist in diesem System ein Problem, weil er des Aufwands wegen kaum auswertbar wäre. Welcher Sammler sollte damit etwas anfangen können, welches Museum könnte die logistischen, räumlichen, personellen und technischen Bedingungen erfüllen, auch finanziell?

Brian O'Doherty hat aufgezeigt, dass Künstler wie Duane Hanson im Grunde nicht eine illusionistische Skulptur ins Museum brachten, sondern eine kritische Collage, »Objekte, die nach innen verpflanzt und vom Galerieraum zu Kunst erhoben wurden«, also ein symbolisches System wahrnehmbar machen, das Innen und Außen reguliert. Der Kunstmarkt dagegen hat für Filme, die er adoptiert hat, Konventionen und ganz erhebliche Restriktionen entwickelt, die sich mittlerweile erkennbar in Filmen, die im Kunstbetrieb ausgewertet werden wollen, als Gestaltungsprinzip niederschlagen. Das ist genau der Moment, in dem das Kino verräumlicht als Skulptur zurückkehrt und einen »fetischhaften Stellenwert« (Dietmar Schwärzler) erhält. Arbeiten von Rosa Barba, Rebecca Baron und Dorit Margreiter oder Janet Cardiff und George Bures Miller bauen das Kino aufwendig als physischen Raum oder Objekt nach, als begehbares, sinnliches, ja lärmendes und haptisches Ereignis, das Kino, das einmal eine im Film sedimentierte Wahrnehmungsform war, die auf eine Realität jenseits des Films verwies. Die Ausstellung des Projektors, des Filmstreifens und des Kinosaals geraten vor dem Hintergrund einer überwiegend affirmativen Haltung gegenüber dem Kunstbetrieb und eines ungenügenden Verständnisses gegenüber dem Kino häufig zur »antiillusionistischen« Illusion. Kunst stellt das Kino im Museum als Trophäe aus. Tacita Dean projizierte ihren elfminütigen FILM (2011) in der Tate Modern in London auf einen dreizehn Meter hohen Block wie ein kultisches Objekt, das wahrscheinlich nicht ganz zufällig Ähnlichkeit hat mit Stanley Kubricks vorzeitlichem Monolithen in 2001: A SPACE ODYSSEY (1968). Schon der Titel FILM lässt erahnen, dass hier letzte Dinge verhandelt werden. Das Ereignis ist das Objekt, nicht der Film; der zeigt nur noch sich selbst, sozusagen als Gegenstand, nicht als Medium. Weil er stumm ist, weil die Perforation mitprojiziert wird – die Nägel, an denen das filmische Bild aufgehängt ist –, verstärkt sich der objekthafte Status des Films noch. Film tritt in

Erscheinung unter den Vorzeichen seines Verschwindens als Wahrnehmungsform einer anderen Wirklichkeit durch ihn hindurch.

Zugleich werden für den Kunstbetrieb Arbeiten von Filmemachern als Ausstellungsobjekte entdeckt, die zum Zeitpunkt ihrer Entstehung einen kritischen Kommentar gegenüber der Konvention Kino, dem Warencharakter des Kunstwerks und einer institutionellen Formatierung darstellten, von Jack Goldstein, Anthony McCall, Lis Rhodes, Andy Warhol und vielen anderen. Alexander Horwath hat diese Entwicklung anhand der Wiederentdeckung des sogenannten Expanded Cinema durch den Kunstbetrieb kritisiert, in dem die kritische Entgrenzung des Kinos zur Erweiterung des Museums (und zu einer Extension des Kunstmarktes) gerät, der dem Film nun seine eigene Konvention und Verwertungslogik aufzwingt. Expanded Cinema, wie jede performativ, also temporär auf das Unvorhersehbare gerichtete künstlerische Praxis, zielt immer darauf ab, das Innen und Außen, das Künstlerische und das Nichtkünstlerische, den Alltag und den Kunstraum infrage zu stellen. Dieser Prozess überschreitet mitunter die symbolischen, sozialen und institutionellen Grenzen und ist künstlerisch stets hochgradig gefährdet, entweder in den Alltag zu diffundieren und damit gesellschaftlich nicht nur tendenziell unsichtbar zu werden, sondern vor allem wirkungslos, oder doch wieder dem Kunstmarkt in die Falle zu gehen. Expanded Cinema war die künstlerische Beobachtung des Kinos, Performance die künstlerische Beobachtung des Museums. Das Museum jedoch umfriedet in Form der Installation die Entgrenzung, die Expanded Cinema einmal gegenüber dem Kino darstellte. Aus Beobachtung und Kritik des Kinos werden Affirmation und Expansion des Museums. Das Performative, das Live-Element, die Eventisierung des Kunstwerks stehen in Ausstellungen und Museen mittlerweile hoch im Kurs. Einerseits ist es legitim und schlechterdings konservatorisch sinnvoll, Werke mit einem prekären und flüchtigen Status, die kaum zu archivieren, schwer aufzuführen und noch schwerer zu dokumentieren sind (also performative Kunst im weitesten Sinne), zu sammeln und zugänglich zu halten, aber es muss die Frage erlaubt sein, ob und wie solche Interventionen, die meist nur in Form vager Anweisungen bestanden oder sich auf die Partizipation des Publikums verließen, die sich historisch gesehen wie auch immer artikuliert oder bewusst als antiinstitutionell und antiökonomisch verstanden, in diesem Prozess ihre gestische Bedeutung verändern. Der Erfolg allerdings gibt dem Betrieb recht: Zweitausend Besucher soll allein der erste Abend von Anne Imhofs Performance »Angst« im Herbst 2016 in der Nationalgalerie Berlin angezogen haben. Der Eindruck des Rezensenten der *Frankfurter Allgemeine Zeitung* beschränkte sich auf »einen angesagten Look und die richtigen Schlüsselwörter«.

Fraglos gibt es zahlreiche Filmarbeiten, die, selten genug, im White Cube weitaus besser als im Kino aufgehoben sind, etwa wenn es gilt, das Geräusch des Projektors wiederzugeben, wie bei T.J. Wilcox, wenn der Projektor zu sehen sein soll oder wenn die Projektion auf verschiedene Flächen verlangt ist. Vollends ärgerlich wird es aber, wenn etwa Stan VanDerBeeks MOVIE MURAL (1968), nach seinem Tod von Film auf Video transferiert, 2013 auf der Kunstbiennale in Venedig als Installation zur bewegten Tapete gerät. Die Filmavantgarde stellte das Kino nicht deswegen infrage, weil sie an anderer Stelle das Museum neu legitimieren und dem Kunstmarkt neue Werke zuführen wollte. Die Praxis der documenta 11, mehrstündige Dokumentarfilme von Chantal Akerman und Ulrike Ottinger auf einer Kunstausstellung mit fünfhunderttausend Besuchern zu präsentieren, hat das Problem klar vor Augen geführt. Zwar werden auf einer Kunstausstellung mitunter bessere und mehr

Filme gezeigt (und erreichen auch mehr Zuschauer) als gemeinhin im Kino; der Besucher aber kann allenfalls kurze Ausschnitte eines Werks sehen und einen Eindruck gewinnen. Der Ausstellungsparcours sieht gar keine andere Wahrnehmungsform mehr vor. Die Großausstellung verlangt, möglichst viele Leute an möglichst vielen Exponaten eilig vorbeizuschleusen. Zahlen sind bei Großausstellungen wichtige Parameter der Erfolgsbilanz. Walter Grasskamp hat daher mit gutem Grund Boris Groys' Behauptung, diese Art der Präsentation dürfe man nicht als kuratorische Unfähigkeit missverstehen, sie sei kalkulierte künstlerische Absicht, kritisiert. Gottfried Knapp hat das Problem in der *Süddeutschen Zeitung* exemplarisch an der Präsentation einer Arbeit von Amar Kanwar beschrieben: »Die Folge ist, dass von den eintrudelnden erschöpften Besuchern überhaupt nur ganz wenige sich hinsetzen, um ein paar Minuten in einen der 19 parallel laufenden, thematisch aufeinander abgestimmten Filme hineinzuhören. Die meisten geben sich mit dem Hinweis im Katalog zufrieden, dass Amar Kanwar hier jenen Komplex von Filmen ausgebreitet hat, in dem er sich mit der Militärdiktatur in Myanmar auseinandersetzt und allgemeine Überlegungen über Literatur und Politik anstellt, ausgehend vom Beispiel jenes myanmarischen Buchhändlers, der wegen des Herausreißens von politischen Werbeseiten aus den Büchern, die der verkaufte, drei Jahre im Gefängnis schmachten musste.« Und kam zu dem Ergebnis, dass Filme gar nicht auf eine Kunstausstellung gehörten. Das kann man mit gutem Grund insbesondere von James Bennings in der Regel strapaziös langen Arbeiten mit ausladender Dramaturgie behaupten, die einem flüchtigen Besucher notwendigerweise entgehen muss; was dieser in einer Ausstellung oder Galerie davon allenfalls sieht und versteht, das ist, dass nichts passiert, schöne Leere. Die Behauptung, der Kunstbetrieb leiste einen Beitrag zu einer konzentrierteren Rezeption und einem eingehenderen Verständnis von Kunst, kann man zumindest mit Blick auf den Film nicht durchweg gelten lassen. Ob man einem Werk gerecht werden kann, das man nur ausschnittweise gesehen hat, darf bezweifelt werden, umgekehrt sollte aber auch nicht priesterlich zum Glaubensatz zementiert werden, man habe jedes Werk zur Gänze durchzusitzen. Steve McQueens Vorschrift, seine Black Box dürfe nicht zu jeder Zeit beliebig betreten werden, reagiert schon auf eine der schlimmsten Entwicklungen des Kunstbetriebs, dass Leute überall jederzeit rein- und rausgehen und dabei auch noch Unruhe produzieren. Gerüchten zufolge wurden die Filme der documenta 11 nicht aus künstlerischen Erwägungen in den White Cube integriert, sondern weil die Filmemacher befürchteten, man werde sie als Künstler im Kino nebenan weniger ernst nehmen als die anderen Künstler der Ausstellung. Da lagen sie sicherlich richtig.

Die Black Box ist das Abseits, der *panic room*. Die Zuschauer selbst eines ambitionierten Filmprogramms wie bei der »Art Film« der Kunstmesse in Basel sind allerdings kaum Galeristen, Kuratoren und Sammler. Während alle, die ernsthaft kaufen oder verkaufen wollen, sich im erlauchten Kreise der Abendessen zusammenfinden, richtet sich das Filmprogramm eher an ein lokales Publikum. Niemand, der mit Kunst sein Geld verdient, hat hier Zeit für Kino. Und die »Positionen« kennt man sowieso. Das macht Kino in den Augen des Kunstbetriebs so wenig attraktiv. Die Entscheidung der Kuratoren der documenta 12, Roger M. Buergel, Ruth Noack und Alexander Horwath, Filme nicht mehr in einen für sie gänzlich ungeeigneten White Cube zu zwingen, sondern ein Kino zum Bestandteil der Ausstellung als »Normalfall des Kinos« (Bert Rebhandl) zu machen, war wahrscheinlich der einzig mögliche Ausweg in einer solchen Großausstellung, das Kino als genuinen

Ort des Films und seiner Wahrnehmungsform zu behaupten und zu historisieren, egal was der Kunstbetrieb davon hielt. Zeitgleich versuchte Ian White mit seinem Programm »Kinomuseum« 2007 auf den Kurzfilmtagen in Oberhausen exemplarisch die Kunst ins Kino zurückzuholen, das Kino selbst zur Ausstellung zu machen, zum temporären Museum, zu einem Museum, das dauert (und zeitlich beschränkt ist) und auf der Wahrnehmungsform des Films und der Möglichkeitsform Kino besteht, also der Zeit: »Das Projekt Kinomuseum vollzieht sich am Schnittpunkt [...] zwischen der scheinbar unbegrenzten Fähigkeit des Museums, sich selbst zu reproduzieren und der Bedrohung, welche die Reproduktion für die primäre Funktion des Kunstmuseums als Hüterin einzigartiger Objekte darstellt. Kinomuseum möchte letztendlich dazu anregen, eine bestimmte Art von Kino als eine Art einzigartiges Museum zu betrachten: eines, in dem ›Originalität, Authentizität und Präsenz‹ nicht durch Reproduktion unterminiert werden, sondern in dem die Reproduktion diese Dinge entweder in ein neues Set von Fragen für das Museum verwandelt, es in einem fast physischen Sinne erschüttert, oder aber in dem Film und Video als potenziell unendlich reproduzierbare Objekte eben diese Bedingungen anhand von bewegten Bildern, die als Kunstwerke zu betrachten sind, sichtbar machen.«

DAS MUSIKVIDEO ADAPTIERT DAS KINO

In dem Maße, wie Avantgardefilm und Medienkunst durch die neue Macht des Kunstbetriebs aufgesogen wurden, der nun definiert, was »Künstlerfilm« ist, wurde auch im Erzählkino der Zugriff auf deren Erfindungen und Verfahren unbedenklicher und risikoloser, sodass narrative Formen heute zuweilen »experimenteller« als früher erscheinen. Es war in erster Linie das Musikvideo, das zahlreiche Mittel des Avantgardefilms adaptierte und nicht unerheblich dazu beigetragen hat, im Kino andere Geschichten und zugleich eine Wahrnehmungsform jenseits des Kinos zu etablieren. Heute betrachtet man mit großer Selbstverständlichkeit visuelle Strategien in Kino, Musikvideo und Werbung, die ohne die Erfindungen von »experimentellen« Filmemachern wie Peter Kubelka, Zbigniew Rybczynski, Jan Švankmajer und vieler anderer kaum denkbar wären. Ähnlich wie sich im Kunstbetrieb vor allem Filme haben durchsetzen können, die dessen institutioneller Logik und »Aufmerksamkeitsökonomie« entsprechen, weil sie kurz genug und *auf einen Blick* erfassbar sind, adressiert das Musikvideo historisch einen anderen Betrachter als den Zuschauer im Kino, dessen Blick *in der Zeit verloren* war. Seit etwa Mitte der neunziger Jahre brachte die Filmindustrie immens mit Pop-Retro aufgepeppte Soundtracks auf den Markt und damit Zweitauswertungen von Filmen auf Tonträger und

DVD. Zweitauswertungen der Musik von Kinofilmen gab es freilich schon früher, niemals aber mit einer Musik, die für den Film *konstitutiv* war, die ihn allein zusammenhielt, niemals aber hauptsächlich mit Musikstücken aus den Katalogen (der sechziger und siebziger Jahre).

Eine neue Präsenz von Popkultur im Kino eröffnete bislang ungeahnte Abspielflächen für Musikstücke im Film und Auswertungen nach dem Film. Viele große Kinoverleiher und Musikfirmen sind mittlerweile in den gleichen Händen, Musik- und Filmrechte liegen oft im selben Haus; das machte die Sache noch einfacher. Das Erzählkino wurde als Möglichkeit entdeckt, Mehrfachauswertungen von Musik anzustoßen. Die neue Bedeutung des Soundtracks beruht allerdings nicht nur auf besonders raffiniertem Marketing. Offenbar nimmt das Publikum heute im Kino einigermaßen »experimentelle« erzählerische Strukturen (das, was man für solche hält, oder das, was von solchen übrig geblieben ist) viel selbstverständlicher an als früher, weil die Musik dazu, die man zum Teil schon kennt (vielleicht sogar besitzt) und die man zugleich und trotzdem kaufen kann und soll, es schon irgendwie richtet, auch dann, wenn die Erzählung nirgendwo hinführt und das Ganze ohne die Musik vollkommen auseinanderfiele. Das mit Popkultur sozialisierte Publikum hat dank des Musikvideos und des übergeordneten Zusammenhalts, den es schafft, gelernt, zum Teil recht komplexe, ungeordnete, zum Teil auch unlogische Abläufe und Bildkompositionen zu verstehen. Der Einsatz von Musik hat sowohl im Erzählkino als auch im Kunstbetrieb (hier freilich zumeist als Sounddesign) eine Art akustisches Leitsystem und eine neue, disziplinarische Blickordnung eingeführt, die einen eiligen, flüchtigen, unaufmerksamen, unkonzentrierten Zuschauer adressiert, einen Konsumenten, der nur *nebenbei* betrachtet, keine Zeit hat oder dem keine Zeit gelassen wird – sei es zu Hause oder in öffentlichen Räumen, ob in Geschäften oder Ausstellungen. Experimentelle Formen werden hier auf einmal ganz natürlich Bestandteil von narrativen Strategien, solange diese Ornament bleiben.

Ohne Zweifel ist das Erzählkino heute weniger linear und weniger formalisiert als noch vor einigen Jahren. Das (neue) Publikum wurde durch Werbung, Musikvideos und interaktive Videospiele auf einen *vertikalen Blick* konditioniert, der *jederzeit* »begreifen« kann. David Fincher war einer der Ersten, die, im Vorspann von SE7EN (1995), Techniken der Assemblage für den Mainstream adaptierten (und schilderte dort zugleich eine wahrheitsästhetische Verlaufsform des Künstlerischen als psychopathische Existenz gegenüber einer erodierenden gesellschaftlichen Moral). Die relativ dialogarme und elliptische Struktur von Paul Thomas Andersons MAGNOLIA (1999) wird im Grunde erst durch den Einsatz des Soundtracks und des eigens komponierten Scores halbwegs plausibel. Da macht die Musik das Bild. Es entstehen neue Erzählweisen, die zum Teil etwas voreilig als »experimentell« angesehen wurden, nur weil ohne die Musik gar nichts mehr funktioniert hätte. In Deutschland hat etwa die X-Filme-Produktion diese Strategie mit den Tom Tykwer-Filmen übernommen. Auch Filme wie Sofia Coppolas THE VIRGIN SUICIDES (1999), Lars von Triers DANCER IN THE DARK (2000), Wes Andersons THE ROYAL TENENBAUMS (2001) oder Cameron Crowes ALMOST FAMOUS (2005) erschlossen für Soundtracks ganz neue Auswertungsperspektiven. Genau an diesem Punkt wurden »Clip-Regisseure«, denen man mehr als fünf Minuten nachvollziehbare Geschichte kaum zugetraut hätte, für das Erzählkino interessant, sodass fast alle, die seit Mitte der neunziger Jahre die Ästhetik des Musikvideos international maßgeblich bestimmt und auch auf einen neues künstlerisches Niveau befördert hatten – Jonas Åkerlund, Roman Coppola, Anton Corbijn, Chris Cunningham,

Jonathan Glazer, Michel Gondry, Garth Jennings, Spike Jonze, Mike Mills, Hype Williams –, mehr oder weniger zeitgleich begannen, lange Spielfilme zu machen (oder es zumindest planten), in Deutschland etwa Philipp Stölzl, und dann auch einige der ungewöhnlichsten Spielfilme ihrer Zeit gemacht haben. Fast möchte man behaupten: Es waren Musikvideo und Popkultur, die den Mainstream eine Zeit lang vor der vollkommenen Erstarrung gerettet haben. Experimentelle Verfahren sind homöopathisch in den Mainstream gelangt. Während mancher Avantgardefilm heute kaum anders aussieht als vor vierzig Jahren, lässt gegenwärtig mancher Spielfilm einen Avantgardefilm schon wie einen »Clip« erscheinen.

Keineswegs aber sieht Kino heute so aus wie zuletzt der Mainstream des Musikfernsehens. Der traditionelle Filmkritiker, der »Clip-Ästhetik« als Vorwurf anführt, meint in der Regel, kulturkritisch etwas verstanden zu haben von der »Beschleunigung« der Bilder. Viele Musikvideos jedoch sind in einem solch reduzierten Sinne gar nicht »clipartig«. Daft Punks Musikvideo FRESH (1999) besteht aus einer einzigen langen Kamerafahrt am Strand. Und in Jonathan Glazers A SONG FOR THE LOVERS (2000), in dem der Musiker Richard Ashcroft in einem fast dunklen Zimmer sitzt, passiert eigentlich gar nichts mehr. Bei Daft Punk und Glazer rückt die Musik vollkommen in den Hintergrund, und verwirrt wartet man auf den Beginn von etwas Unbestimmtem. Einige der ungewöhnlichsten Musikvideos wurden zur Lichtspielszene einer Begleitmusik. So werden auch Strategien des großen Erzählkinos imitiert und zitiert: der ausschweifende Blick, eine Idee von Raum auf der Leinwand, statt der Fläche des Monitors. Cunningham in COME TO DADDY (1997) oder WINDOWLICKER (1999), beide für Aphex Twin, oder Åkerlund in SMACK MY BITCH UP (1997) für Prodigy entwickelten Schockeffekte des Horrorkinos weiter und Jonze in PRAISE

You (1998) dokumentarische Formen des Direct Cinema oder in Weapon of Choice (2000) Techniken der chinesischen Schwertkampffilme (beide für Fatboy Slim). Die »Clip-Ästhetik« ist experimentellen Verfahren des Films abgeschaut, nicht umgekehrt.

Die Beschleunigung und Zerlegung der Bilder hat die Avantgarde erfunden, nicht das Musikvideo. Herausragende Musikvideos bewegen sich oft bewusst in der Tradition des Avantgardefilms. Keineswegs zufällig stammen einige der bedeutendsten frühen Musikvideos von Filmemachern der Avantgarde – etwa Jem Cohen, Bruce Conner, Robert Frank, James Herbert, Derek Jarman, John Maybury, Zbigniew Rybczynski, Jan Švankmayer oder Cordelia Swann –, denn man orientierte sich anfangs, auch mangels anderer ästhetischer Leitbilder, bewusst an den Vorbildern des Avantgardefilms, man denke nur an Bob Dylans und D.A. Pennebakers genrebildendes Proto-Musikvideo Subterranean Homesick Blues (1965), in dem Dylan den Songtext auf Karten zeigt. In den vielen Genres und Formen des Musikvideos ist das Bewusstsein eines anderen Films aufgehoben, eines Films, der nicht erzählen will, der das Bild selbst zum Gegenstand hat. Das Musikvideo hat erreicht, dass man Film heute anders sieht, weniger kritisch, aber eklektischer, weniger versunken, aber komplexer. Man achtet stärker auf die Effekte als auf die Geschichte; man sieht Filme vertikal. Die Entwicklung des Musikvideos hatte einen erheblichen Einfluss auf Film und Kunst seit den achtziger Jahren, also seit der Gründung von MTV; das wurde vielfach beschrieben. Das Musikvideo hat bei dem Versuch, zeitgenössisch zu sein, fraglos die filmischen Strategien des Spiel- wie Avantgardefilms interpretiert und adaptiert; erfunden indessen hat es eine neue Art, diese zu betrachten. Dies lag nicht nur an den Formatierungen des Fernsehens, dem stets zu kleinen Bildschirm, der stets zu unaufmerksam verfolgt wird, sondern an der Tatsache, dass ein Musikvideo als filmische Form per se unerzählerisch ist, weil es im Grunde ja vor allem das bereits fertige Musikstück illustrieren oder (durch einen Imagetransfer) veredeln soll, weil es durch die Musik zusammengehalten wird. Heute sieht und versteht man Film anders der Bilder wegen, die man in den Musikvideos zu betrachten gelernt hat.

Mit der Krise der Musikindustrie im neuen Jahrtausend, im Wesentlichen verursacht durch das Internet, entstanden weniger innovative Musikvideos, vor allem weniger teure. Der Verlust fast jeder Auswertungsmöglichkeit für solche Musikvideos im Musikfernsehen (das Musikvideos in der Regel nach den Verkaufszahlen des beworbenen Musikstücks einsetzte) machte sich schnell bemerkbar. Kaum noch ein innovatives Musikvideo schaffte es ins Musikfernsehen, und die besseren kamen jetzt häufig von Film- oder Kunsthochschulen oder Künstlern. Viele fanden das akademisch und erklärten das Musikvideo für tot. Dieses Auseinanderdriften von Musikvideo und Musikfernsehen wurde spätestens mit dem Auftritt von YouTube unübersehbar. Die Zeit der großen künstlerischen Entwürfe im Musikfernsehen, die vor dem Hintergrund einer florierenden Musikindustrie auch mithilfe entsprechender Produktionsmittel möglich waren, war vorbei. Vielleicht gibt es daher über Musikvideos tatsächlich kein Wort mehr zu verlieren, jetzt, da man beginnt, seine Autoren zu kanonisieren und zu musealisieren. Musiker und Bands wie Björk oder Underworld, Filmemacher wie Cunningham, Gondry oder Jonze haben ihre Musikvideos längst erfolgreich auf den DVD-Markt gebracht und ihnen damit weitaus öffentlichkeitswirksamere Auswertungen verschafft, als die Nachtrotationen des Musikfernsehens, wo sie einmal der Geheimtipp für ganz Geduldige waren, es konnten.

In dem Moment aber, da die Formatierungen des Musikfernsehens entfielen, wurden auch neue formale Möglichkeiten freigesetzt.

Vor allem mussten sie billiger produziert werden; so bezog man sich neu auf die filmischen Verfahren von Avantgarde und Underground, insbesondere Assemblage, Found Footage und Stopptrick. Leos Carax, eingeladen, für New Order das Musikvideo CRYSTAL (2001) zu machen, schickte irgendetwas, das er schon auf dem Computer hatte: ein verpixeltes und unscharf aufgenommenes Liebesspiel zwischen Hund und Katze. Jem Cohens auf Super 8 aufgenommenes, zehnminütiges Musikvideo MAXINE (2001) für Sparklehorse ist eine freie Assoziation über Mark Linkous' Studio und die Landschaft um es herum, als sei die Musik Ausdruck des Lebensraums des Musikers. Musikvideos wurden noch länger, noch freier in der Form, mitunter auch politischer, teils zu hochkomplexen Artefakten und Gegenwartsanalysen, seit die Formatierungen (institutionelle Logik, zum ästhetischen Prinzip geworden) des Musikfernsehens entfielen, wenn man etwa an Arbeiten von Tony Cokes, Coldcut, Die Goldenen Zitronen, Arnaud Fleurent-Didier, Jens Pecho oder Mario Pfeifer denkt. Es entstanden auch Musikvideos ohne Dreharbeiten, nur am Computer, zu Hause. Es entstanden Musikvideos ohne sichtbare Interpreten der Musik, in denen nicht einmal das Musikstück mehr im Vordergrund stand, sondern entweder kaum zu hören war oder unterbrochen wurde. In Michael Robinsons HOLD ME NOW (2008) zur Musik der Thompson Twins wird eine klassische US-amerikanische Fernsehserie zum Gegenstand von Karaoke und der Zuschauer eingeladen, im Saal mitzusingen.

Wenn aber mit dem Musikfernsehen das Medium entfällt, für das Musikvideos einmal entstanden waren, so stellt sich zwangsläufig die Frage nach deren Zukunft. Einerseits verschwanden die interessanten Musikvideos mit den großen Budgets nahezu vollständig. Künstler mit hohen Verkaufszahlen und visuellen Ansprüchen gingen dazu über, mit relativ einfachen Mitteln ihre Arbeiten zu gestalten. So kam es zu einer Verarmung des Musikvideos mit Blick auf die Produktionsmittel; andererseits entstanden Musikvideos, die offenbar keinerlei Ehrgeiz mehr besaßen, ins Musikfernsehen zu gelangen und sich an den alten Produktionsstandards und -reglementierungen zu orientieren, sondern sich als Teil eines autonomen künstlerischern Feldes verstanden und es in Kauf nahmen, nur im Internet, sozusagen im *long tail* sichtbar zu sein. Filmemacher oder Musiker, die zuvor mit riesigen Budgets arbeiten konnten, gelangten künstlerisch durch Low-Tech zu erstaunlichen Ergebnissen und zum Ausdruck einer genuinen audiovisuellen Welt.

Die Visualisierung der Musik erhielt über den Imagewert des Musikvideos hinaus durch das Abtreten des Interpreten und der analogen Instrumente in der elektronischen Musik der neunziger Jahre einen ungeahnten Gestaltungsspielraum, denn was sollte man von Leuten zeigen, die bloß an Knöpfen drehten und nicht auf Gitarren spielten und deren Beats nicht zum Tanzen einluden? Es entstand eine neuartige Anziehungskraft zwischen elektronischer Musik und digitaler Visualisierung. Die innovativsten Musikvideos zeigen oftmals diejenigen, die Musik machen, gar nicht mehr oder inszenieren sie in einem fiktiven Raum, etwa in Svenja Rossas DER MOND (1999) für Rocko Schamoni oder in Walter Sterns THURSDAY'S CHILD (1999) für David Bowie. Dabei werden auch Verfahren des Avantgardefilms kontextuell auf aktuelle Popkultur bezogen, etwa bei Smoczek Policzek Techniken der Assemblage und des Found Footage in WEIL WIR EINVERSTANDEN SIND (1998) für Die Goldenen Zitronen oder bei Michel Klöfkorn und Oliver Husain der Stopptrick in STAR ESCALATOR (1999) für Sensorama, wo Garagentore in kleinbürgerlichen Wohngegenden den Takt einer ungehörten Welt schlugen. Da wurde auch in der Musik noch viel erfunden, und Musikvideos liefen auch noch im Musikfernsehen. Oft wird die neuartige Produktionsrealität in den Arbeiten selbst reflektiert, wie in GOOD MORNING STRANGER (2007) für Monta oder in Vania Heymanns CEELO GREEN (2015) für Robin Williams die Google-Recherche von Stichworten und Bildern, in Ben Jones' DOT NET (2015) für die Battles oder Metahavens INTERFERENCE (2015) für Holly Herndon, in denen das digitale Terrain von Benutzeroberflächen, Desktopästhetik und Games die Verfahren bereitstellt. In Daniel Swans ALGORITHM (2016) für Emmy The Great ist der Text gar von einer Musikvideomaschine produziert, die einem Algorithmus zur Verarbeitung natürlicher Sprache gehorcht. Das Internet wird in Jon Rafmans Arbeiten STILL LIFE (2013) und STICKY DRAMA (2015) für Musik von Oneohtrix Point Never zu einer Welt ohne Ausgang, einem digitalen Drama der Vernetzung ohne Aussicht auf Entrinnen, in dem Subjektivität unaufhaltsam solipsistisch ihrem Untergang entgegengeht, in dem das Ich sich auszehrt und verwahrlost im Bemühen, durch das Andere zu sich zu kommen, weil es zwar ständig vernetzt ist, aber niemals objektiv oder sozial verbunden. »What concerns me is the general sense of entrapment and isolation felt by many as social and political life becomes increasingly abstracted and experience dematerialized«, sagt Rafman.

Die bislang letzte Zusammenarbeit zwischen Cunningham und Aphex Twin brachte mit RUBBER JOHNNY (2005) ein Epitaph für eine vergangene Epoche und zugleich die Ankündigung eines neuen Selbstverständnisses der Künstler im Ausdrucksmedium Musikvideo hervor. Von den Filmemachern, die bis zum Erscheinen von YouTube die künstlerisch relevanten visuellen Ausdeutungen für bekannte Musiker gemacht hatten, gab es auf einmal kaum noch etwas zu sehen, auch weil sie nun zum Teil Spielfilme machten oder, wie Cunningham zeitweise, Wege im Kunstbetrieb suchten. Dagegen tauchten Künstlerpersönlichkeiten auf, die sich mühelos in ganz unterschiedlichen künstlerischen Registern bewegen können. Musiker begannen, ihre eigenen Musikvideos zu machen, bildende Künstler Musik, nicht nur weil kein Geld mehr da war, sondern weil die Visualität der Musik Gegenstand der künstlerischen Auseinandersetzung und Identität wurde: das Künstlerduo Luigi Archetti und Bo Wiget mit einer Reihe von performativen Arbeiten, die das Musikvideo als künstlerische Ausdrucksform neu positionierten, Detlef Weinrich für jedes einzelne Stück des Kreidler-Albums *Eve Future* (2002) mit einer Reihe von Found-Footage-Arbeiten oder Terre Thaemlitz mit dem einstündigen Musikvideo LOVE BOMB (2003), das alte Glaubenssätze zum Musikvideo überholte.

Zur Reihe der Künstlerinterventionen muss auch Miranda Julys und Mike Mills' Performance-Musikvideo TOP RANKING (2007) gezählt werden, in dem jede Einstellung ein neues Posing vorführt. Das Beispiel der Band OK Go, die sich durch ihr eigenes Musikvideo HERE IT GOES AGAIN (2006) selbst im Internet bekannt machte, ist legendär. In manch anderen Fällen, etwa FOURTYTHOUSAND-3HUNDRED20 MEMORIES (2005) von Sue Costabile und AGF, wird ununterscheidbar, ob die Bilder die Musik illustrieren oder umgekehrt; es handelt sich vielmehr um ein eigenständiges künstlerisches Werk ununterbrochener Musik irgendwo jenseits des Musikvideos. Dies gilt in besonderem Maße für die einzigartigen Arbeiten des Künstlers Carsten Nicolai (Alva Noto), der in Kunst- wie Musikbetrieb gleichermaßen geschätzt und erfolgreich ist. Im Jahr 2009 stellte die Jury, die in Oberhausen über das »beste deutsche Musikvideo« zu befinden hatte, bestehend aus Elke Buhr, Diedrich Diederichsen und Herbert Fritsch, ihrem Votum eine Vorrede voran und machte die Krise manifest: »Die Jury stellt fest, dass in Deutschland offensichtlich das Genre des Popmusikvideos, wie wir es kannten, ausgestorben ist. Wir haben es vielmehr mit einer neuen, weniger in kulturindustriellen Sweatshops als an Kunstakademien gepflegten Form zu tun – was sich nicht immer verbergen lässt. Im Musikvideo war die Frage des Status und Anspruchs durch die Einbindung in das Großgenre der Pop-Musik geklärt. In dieser neuen Situation stellt sich der Jury die Frage, mit welcher Art von künstlerischen Objekten sie es eigentlich zu tun hat: Auffällig ist zum Beispiel, dass häufig als angewandte Gestalter ausgebildete Produzenten Objekte herstellen, die mit autonomem Kunstanspruch auftreten. In anderen Fällen, wie etwa dem Gewinnervideo, ist die Bildgestaltung als eine Art gesamtkünstlerische Extension von den Musikern selbst übernommen worden. In dieser Lage muss die Jury auf quasi-experimentelle Weise ihre Kriterien ausrichten.«

Neue Maßstäbe setzte das vierundzwanzigstündige Musikvideo HAPPY (2014) des Filmemacherkollektivs We Are From L.A. zu Pharell Williams' gelooptem Ohrwurm. Versteckte Schnitte erwecken hier den Eindruck einer schier unendlichen Einstellung; zugleich kann man im Internet jede beliebige Uhrzeit auf einer Zeitachse individuell ansteuern. HAPPY gehörte zu den ersten Musikvideos, die im Grunde nur noch im Internet Sinn ergeben, die im Wesentlichen »partizipatorisch« funktionieren. Künstlerisch allerdings blieb die Sache etwas dürftig, da weder musikalisch noch visuell Aufsehenerregendes geschieht. Viele der neueren Musikvideos sind längst interaktiv und zielen auf ein Publikum, das zwar wie einst vor dem Bildschirm, aber vor allem vor dem Computer sitzt, das nicht nur betrachten, sondern gestalten und sich vernetzen will. Im Grunde handelt es sich bei HAPPY um einen Dauerloop, der an jeder Stelle mehr oder weniger gleich aussieht und sich anhört, also nicht zu Ende geht, aber auch niemals anfängt: Zeit, die nicht vergeht, die Erkenntnis gesellschaftlichen Stillstands zum Glücksgefühl sediert. Zwischenzeitlich sind interaktive Ästhetiken durch das Internet auch in der Musik angelangt. Brian Eno etwa legte für sein Ambientalbum *Reflection* (2017) eine App auf, die musikalische Variationsmöglichkeiten tendenziell bis ins Unendliche hin auszudehnen vermag. Ambientmusik zielte stets auf ein neuartiges Verhältnis zwischen Alltag und Musik ab, bewegte sich stets an der Grenze zwischen Leben und Kunst. Dem Alltag wurde das Material entnommen und Musik zurückgegeben, damit Alltag durch Musik erträglicher werde; dies geschah mal versöhnlicher, mal aggressiver. Ambientmusik entwarf in Verlängerung der Tranceeskapaden der frühen siebziger Jahre das Szenario eines gelungenen, wenn auch nur temporären Ausgleichs zwischen den libidinösen Wünschen des Einzelnen und den Ansprüchen, die die Gesellschaft an ihn richtet; hier in einen dauerhaften Zustand seligen Einverständnisses verwandelt.

Kunst »nach« dem Internet zeichnet sich weniger dadurch aus, dass sie eine virtuelle Realität als »zweite« Realität gegenwärtiger Gesellschaft abbildet, sondern dadurch, dass sie die Art, wie wir diese Realität im Internet subjektiv wahrnehmen und gebrauchen, als verbindlichen Zug jedweden Umgangs mit Wirklichkeit sichtbar werden lässt. Der Rahmen eines filmischen Bildes glich der »Einstellung« zur Welt, er verwies immer auf ein Verhältnis zum Unsichtbaren und ließ dadurch eine fremdartige, unzugängliche Realität aufblitzten, die allein die apparative Wirklichkeit des Films hervorbringen konnte. Der Rahmen wird nun durch ein ungerahmtes Bild abgelöst, das niemals eingerahmt werden kann und immer schon subjektive Realität wiedergibt. Die von Daney kritisierte Bildwelt des Tourismus schafft mittlerweile immersive, verräumlichende und interaktive Bildverfahren, die vorgeben, den »realen« Besuch an Orten, also Erfahrung zu antizipieren. Die Reise vollzieht objektiv das Bild einer Realität nach, das man sich von ihr subjektiv schon gemacht hat, und bewegt sich somit in jedem Augenblick in einem vorgegebenen gesellschaftlichen Rahmen. Das Freiheitsversprechen dieser Welt besteht in schrankenlosem individuellen Zugang zur Realität. Die Spielarten der Virtual Reality aber ersetzen Realität nicht nur, sie bezeichnen zugleich die Beschränkungen subjektiver Realität, des kurzgeschlossenen Ichs, wie in Bigelows STRANGE DAYS. Lawrence Grossberg sagt, dass Technologie Popkultur, also Kommunikation von Referenz, ablöse. Überspitzt gesagt schafft Technologie, also die unendliche Deterritorialisierung der Sinne durch das Internet, auch das Werk im klassischen Sinne ab, das Werk mit Anfang und Ende, Vorne und Hinten, das abgeschlossene oder gar physische Werk, und damit zugleich dessen Zuschauer, der Werke »ganz« betrachtet. »Post Internet Art«, die gleichwohl ein hybrides Feld ganz unterschiedlicher Strategien bezeichnet, beginnt sich einen neuen Zuschauer für Bewegtbilder zu erschaffen, so wie das Mainstreamkino beginnt, die Filme, die nur noch die Nacherzählung der Trailer darstellen, gemäß der Ästhetik der Trailer zu gestalten. Während Thaemlitz mit LOVE BOMB noch einen höchst artifiziellen künstlerischen Entwurf, eine Art popkulturellen Hypertext hervorbrachte, der in der Regel Massen von Zuschauern überfordert aus dem Kinosaal treibt, besteht gar kein Grund mehr, HAPPY in einem Kinosaal anzuschauen, denn das Musikvideo will eigentlich nicht betrachtet, sondern »bedient« und »vernetzt« werden. Seine Laufzeit ist im Grunde irrelevant für seinen Status als »Werk«, ähnlich wie das bei den Arbeiten von Gordon und Marclay der Fall ist, an denen man in Kunstausstellungen vorbeizieht. Die Werke spiegeln ästhetisch den Modus ihres gesellschaftlichen Gebrauchs. Der affektive Umgang mit dem Werk ist nicht mehr Betrachtung und Auslieferung, sondern Manipulation und Verknüpfung, wild gewordene Subjektivität. Der Triumph des Ichs über das

Werk durch Technologie ist zugleich der Showdown der Kognition, die Vorstellung, der einzig mögliche Zugang zur Wirklichkeit könne nur absolut gesetzte, faktische Subjektivität sein und nicht etwa das objektiv zur Kognition gezwungene, sozusagen schachmatt gesetzte Ich. Dem denkenden Ich werden nur noch Avatare seiner selbst vorgeführt.

Das Musikvideo, das sein Entstehen dem Musikfernsehen verdankt, hat sich von diesem emanzipiert und wird in Zukunft irgendwo, auch als künstlerisches Verfahren und wahrscheinlich vornehmlich im Internet, weiter existieren. Es erfindet sich jenseits des Musikfernsehens neu, und dazu haben Kunstausstellungen und Filmfestivals das Ihre beigetragen. Die Krise der Musikindustrie war nicht zuletzt begründet in der unzureichenden Regeneration von innovativen Formaten und einer Ignoranz gegenüber auch minoritären Öffentlichkeiten, die sich für experimentellere Musik und Musikvideos interessieren. Es ist verblüffend, dass das Musikfernsehen, das mit dem Musikvideo eine ganz neue und eigenständige Gattung von Film geschaffen hat (trotz der hinlänglich bekannten Vorläufer kurzer Musikfilme), nicht in der Lage war, das Entstehen einer eigenständigen Kunstform für sich zu reklamieren und auch für die eigene Glaubwürdigkeit zu nutzen. Mit YouTube und anderen Plattformen, mit der Aufmerksamkeit von Filmfestivals wie Rotterdam oder Oberhausen, mit der Entdeckung und prominenten Präsentation von Künstlern wie Doug Aitken, Chris Cunningham oder Jonathan Horowitz durch den Kunstbetrieb (Cunningham etwa durch Harald Szeemann 2001 auf der Kunstbiennale in Venedig) begann das Musikfernsehen seine Alleinstellung als Plattform für und seine Definitionshoheit über Musikvideos zu verlieren. Dass es neue Plattformen und Öffentlichkeiten gab, beschleunigte zugleich die Entformatierung des Musikvideos und gab einem neuen künstlerischen Selbstbewusstsein Auftrieb, das Musikvideo als eigenständige Kunstform jenseits des Musikfernsehens zu begreifen.

Die Kunst am Musikvideo wanderte ab in die Filmfestivals und in den Kunstbetrieb, der Rest ins Internet. Im Musikfernsehen blieb der Mainstream zurück. Noch Mitte der neunziger Jahre wäre es kaum vorstellbar gewesen, Musikvideos auf Filmfestivals oder Kunstausstellungen anzutreffen. Die neue Entwicklung war zum einen Ausdruck einer Legitimationskrise von Filmfestivals und Kunstbetrieb, die ihr Publikum regenerieren und ein neues, jüngeres, intellektuelles und eben auch mit Popkultur sozialisiertes Publikum erschließen wollten und mussten; zum anderen aber wurde das Musikvideo als künstlerisches Verfahren mit Beginn der Krise der Musikindustrie, der Umstellung des Musikfernsehens auf Vollfernsehen und dem Langzeitarchiv des Internets überhaupt erst wirklich erkennbar, sozusagen im Moment seines industriellen Niedergangs, mit einbrechender Dämmerung. Jens Balzer beschrieb 2011 daher das Musikvideo als eine Art Wiedergänger des Kinos: »Das Werden und Vergehen und die ewige Wiederkehr: Das sind die Leitmotive der gegenwärtigen Musikvideo-Kultur. Darin spiegelt sich nicht nur der Zustand der Popmusik als Revue von Retro-Moden, sondern vor allem auch der historische Zustand des Musikvideos selbst: Es ist der Zustand der Reinkarnation. Das Musikvideo ist gestorben und wieder auferstanden; es hat den Tod des Musikfernsehens durchgemacht und ist im Internet wiedergeboren worden; soeben beginnt es ein Bewusstsein davon zu gewinnen, was es heißt, ein zweites Leben zu leben: Man muss den eigenen Tod überwinden; erinnern, wiederholen, durcharbeiten.« Dies ist etwa an Tony Ourslers WHERE ARE WE NOW? (2013) für David Bowie ablesbar, das zum Denkstück wurde, nicht nur mit Blick auf die Veränderung der

Popkultur, sondern auch mit Blick auf Bowie selbst, der kurze Zeit später starb. Anders als bei den Musikvideos, die weiter für Björk entstanden und entstehen und die zunehmend zu einer Art Corporate-Ästhetik der Musikerin wurden, reflektiert Popkultur hier ihren historischen Stand noch einmal zur Gegenwartsdiagnose. »Auf solche Weise hat Pop mal als Ordnungssystem fungiert, dessen Unterscheidungen in Richtiges und Falsches (Musik, Haltung, Style ...) identitätsbildend waren. Wo sind wir jetzt?« (Olaf Karnik) Dies gelangt in Oliver Pietschs Arbeiten verstörend zu Bewusstsein. Pietsch, der seine Arbeiten wahrscheinlich gar nicht als Musikvideos ansieht, bedient sich bei Kino wie Musik gleichermaßen, um seine Nachtstücke der Internetgesellschaft zu komponieren, die den Tod als fantastisches Schauspiel einer obszönen Welt zelebrieren, die nicht sterben kann, in der nun alles auf immer präsent ist.

Mit dieser Entwicklung setzten die gängigen, vielleicht sogar zwangsläufigen Formen der Kanonisierung und Standardisierung des Kunstbetriebs und der Filmfestivals ein: wohl erstmals 1997 in der Ausstellung »PopVideo« im Kölnischen Kunstverein, spätestens aber durch die weitaus aufwendigere Ausstellung »Video – 25 Jahre Videoästhetik« im NRW-Forum für Kultur und Wirtschaft Düsseldorf (2004) und dann mit »The Art of Pop Video« im Museum für angewandte Kunst Köln (2011). Massen von Videos auf Monitoren wurden in zum Teil viel zu kleine und viel zu helle Räume gestopft und nach vergleichsweise biederen motivischen Gesichtspunkten geordnet, sozusagen thematisch gehängt. 2015 folgte die megalomanische Großerzählung »Björk« im MoMA New York (»something like a cross between a fashion show and a theme-park ride«, schrieb Ben Davies auf *artnet.com*). Weniger gravierend als die Kanonisierung von Namen und Werken, die mit Sicherheit zu einem bestimmten Zeitpunkt richtig und wichtig war, auch wenn sie einen ziemlich traditionellen künstlerischen Werkzusammenhang etablierte, war vielleicht der Umstand, dass die Werke in ihrem künstlerischen Verfahren, auch in ihrer jeweils individuellen ästhetischen Qualität, durch die Form der Präsentation gar nicht mehr oder nur sehr eingeschränkt sichtbar wurden. Weniger problematisch als die Musealisierung erschien also die Blickordnung, die auch dem Musikvideo im Kunstbetrieb auferlegt wurde. Die Werke wurden oftmals räumlich dicht gedrängt, Monitor neben Monitor, Bild neben Bild, sodass man die Videos nebenan immer im Augenwinkel hatte; da nutzte auch gegebenenfalls der Kopfhörer wenig. Die Menge an Arbeiten war wie immer kaum zu bewältigen und verleitete eher zur Über- statt zur Einsicht. Wer hingegen einmal ein Musikvideo von Chris Cunningham gut im Kino projiziert gesehen hat, wird eine ganz andere ästhetische Materialität und Sinnlichkeit, ganz andere Ahnenreihen und Querverbindungen entdecken als jemand, der dieselbe Arbeit nur aus Musikfernsehen oder Kunstausstellungen kennt. Erst wenn die Musikvideos in einem Kino aus dem zufälligen Kontext des Musikfernsehens herausgebrochen und auf großer Leinwand gezeigt werden, erst im Programm, in der Konsekution von Werken werden sie als Artefakt sinnlich hinreichend erfahrbar. Die besonderen ästhetischen (politischen, sozialen usw.) Qualitäten und Besonderheiten des einzelnen Werks werden erst durch die Präsentation in einem bestimmten, keineswegs beliebigen sinnlichen Zusammenhang der Programmierung objektiv hervorgebracht: durch Kino. Kino erlaubt den Schritt über eine bloß beliebig subjektiv »gezappte« Abfolge und eine irgendwie werkgeschichtlich gehaltene Katalogisierung und Bewertung des Phänomens Musikvideo hinaus.

All dieses blieb nicht ohne kritische Widerrede. Justin Hoffmann zum Beispiel unterstellte solchen Aneignungen durch Kunstbetrieb und Filmfestivals die affirmative Tendenz, ökonomische Strategien zu »kulturalisieren«; man wolle Musikvideos leichtfertig und generell von Verwertungsinteressen freisprechen, um sie als Artefakt idealisieren und freistellen zu können. Musikvideos aber als Artefakte mit eigenständiger Intellektualität zu begreifen heißt noch lange nicht, sie im Sinne eines traditionellen Kunstbegriffes als autonome Kunstwerke aufzufassen. Es steht völlig außer Frage, dass Musikvideos Werbung sein sollen und wollen und Werbung auch dann bleiben, wenn man sie in einer Ausstellung oder auf einem Filmfestival zeigt. Gleichwohl gestattet und fördert die besondere Form dieser Produktwerbung die Entwicklung von neuen Formen, die gegenüber den illustrierten und beworbenen Musikstücken teilweise autonom werden und Momente von ästhetischer und sozialer Abweichung artikulieren können. Gerade der Umstand, dass Musikvideos dazu beitragen, das visuelle Bewusstsein der Musik zu prägen (wie man ein Musikstück fortan hört), verleiht ihnen bereits eine gewisse Autonomie. Manche Musik ist ohne die dazu gehörigen Musikvideos kaum mehr vorstellbar. Das Musikvideo ist daher nicht das Stück Werbung, das man von der (idealen) ästhetischen Erfahrung nur abziehen müsste, um eine »authentische« Erfahrung der Musik zu erlangen. Vollkommen kommerzielle, gar industrielle Entstehungsumstände bringen (man denke nur an das klassische Hollywood-Kino), auch der technologischen Möglichkeiten wegen, zuweilen völlig neuartige, ungesehene künstlerische Formen hervor, wirken also mitunter erfinderisch. Musikvideos sind weder autonome (»ideologiefreie«) Kunstwerke noch reine Produktwerbung.

»Ein Musikvideo (so wie der Kurzfilm generell)«, schreibt Christian Höller 2015, »kann heutzutage *irgendetwas* sein. Ein Stück Laufbild mit, zugegeben, Anfang und Ende, mit mehr oder weniger

Musik [...], mit erkennbaren Genreanleihen oder deren aktivem Unterlaufen. Davon abgesehen existiert schon lange keine zwingendere Verbindung mehr zwischen musikalischer Vorgabe und visueller Umsetzung. Damit fügt sich der Clip, nach jahrzehntelangem Ringen, aus der schnöden Funktionalität einer bloßen Gebrauchsform herauszutreten und endlich als Kunstform wahrgenommen zu werden, bestens in den Rahmen einer gängigen Zeitdiagnose. Demzufolge ist Popmusik, das ursprüngliche *Movens* des Clipformats, in eine Phase schier endloser Gegenwärtigkeit eingetreten; in einen Zustand, in dem kein Anfang und kein Ende, kein Davor oder Danach von Pop mehr absehbar ist und somit auch keine nennenswertere historische Entwicklung, der irgendein begleitendes Format (etwa das Musikvideo) zu- oder entgegenarbeiten könnte. Dies bedeutet nicht, dass der Clip *beliebig* geworden wäre [...]. Alle möglichen Umsetzungen scheinen *gleichermaßen* gültig, kaum ein Ansatz kann diesbezüglich ein konzeptuelles Primat für sich beanspruchen.« Popkultur ist kein klar umrissenes Feld von Formen und Genres, sondern eine adaptive und generative Macht, die sehr unterschiedliche Bereiche von Kultur und Ökonomie affiziert. Popkultur im Film wird – über ihre vordergründige Abbildung in Musikfilmen hinaus – erst in dem Moment tatsächlich wirksam, da die traditionellen Paradigmen der filmischen Avantgarde zum Ende des Kinos hin an Definitionsmacht gegenüber den ästhetischen Leitbildern verlieren. Die Frage ist daher nicht mehr, ob es etwa noch Experimentalfilme gibt oder ob Musikvideos eine Kunstform darstellen können. Es handelt sich hier um einen Umgang mit Formen und Zeichen, der in der Tradition der »alten« Avantgarde steht, sich jedoch in den Produktions- und Rezeptionskontexten wesentlich von dieser unterscheidet. Die Auswirkungen der Popkultur auf den Bereich des Films sind also nicht allein an immer »filmischer« werdenden Musikvideos und »clipartiger« werdenden Filmen abzulesen, sondern am popkulturellen Nahverhältnis zwischen Film, Kunst und Musik sowie der hybriden Erscheinungsweise des Experimentellen selbst. Avantgarde ist in der Popkultur unversehens in »Innovation« aufgegangen, so scheint es zumindest.

FAR FROM THE TWISTED REACH OF CRAZY SORROW (EPILOG)

Wir befinden uns in einem medialen Umbruch, sodass vieles, was in diesem Buch beschrieben wird, wahrscheinlich sehr bald überholt sein wird. Indessen bleibt die Frage, wie man die spezifische Wahrnehmungsform des Films, die das Kino hervorgebracht hat, unabhängig vom Kino wird weiter behaupten können und wie sinnvoll das überhaupt ist. Dies ist eine Frage der Sichtweise auf das Kino, aber auch von konkreten Orten und Räumen für den Film und des Umgangs mit Film. Es könnte sein, schreibt mir Alexander Horwath, dass jetzt, da Film aus dem industriellen Verwertungszusammenhang des Kinos heraustritt und als Träger eines Massenmediums obsolet wird, wir möglicherweise allmählich auch *das ganze Kino* wahrnehmen können, unverstellt, also alle Filme nebeneinander, unabhängig von ihrer Entstehung, Aufführung, Auswertung und Interpretation, in ihrer ganzen Ambivalenz, als Ware *und* Kunst. Mir gefällt die Vorstellung eines derart komplexen Panoramas, in dem wir Filme, ob und wer diese gerade als Kunst oder Meisterwerk ansieht, in welchem Genre und Kontext auch immer, betrachten, wieder und wieder betrachten und uns dabei, verloren in der Zeit, Film *im Abseits des Kinos* geduldig oder vielleicht sogar ein wenig nachlässig wieder aneignen und so zu jeweils neuen Einsichten kommen. Wir können auf das Kino jetzt schauen wie auf eine Landschaft. Wir betrachten die Details, das Wetter, die Jahreszeiten und die Ruinen der Zeit, eine fast allegorische Kulisse. Werner Kließ erschien die Gleichzeitigkeit von Kino und individuellem Gebrauch von Film bereits im Jahr 1968 durchaus als wünschenswertes Szenario; in seinem Artikel »Kino und Drogen« in der Zeitschrift *Film* schrieb er: »Der Film der Zukunft wird sich außerhalb des Kinos abspielen, zu Hause, in den Wohnungen. Jeder wird wählen können, was er sehen will, unbeaufsichtigt von Verleihapparaturen und Zensurinstanzen. Man wird Filme kaufen wie Platten, Bücher oder Bilder. Diese Freiheit der Wahl wird eine neue Souveränität gegenüber dem Show-Kino geben. [...] Man wird es liebevoll betrachten wie den Zirkus: eine traditionsreiche Sache mit eigenen Sorgen und Fährnissen, herrlich außerhalb der Wirklichkeit, vielleicht die beste Alternative zu einer Droge.«

Man muss in Kauf nehmen, dass etwas vorbei ist und nicht wiederkommt, um Film neu zu sehen, und sei es in der Nische eines Museums, zufällig an ganz wenigen, entlegenen Orten. Jedenfalls müssen wir uns wohl damit abfinden, mehr und mehr allein mit dem Kino zu sein, denn das Kino schaut nicht mehr auf viele von uns, Kino ist für eine »sammlungsbewegte Kulturverteidigung« (Dietmar Dath) denkbar ungeeignet; vielleicht sogar damit, dass Kino am Ende seiner Geschichte nur unter den Bedingungen einer musealisierten Subventionskultur überleben wird, wie die darstellenden Künste. Wenn wir nicht aufpassen, wird nicht einmal das von Kino übrig bleiben. Das Kino war eine Zeit lang der Ort, an dem wir eine andere Welt wahrgenommen haben, über die wir miteinander sprechen konnten. Das Kino war nicht nur die Nische, in der ich allein sein konnte wie in meinem Zimmer mit meiner Musik. Das Kino stellte ein Stoppschild gegenüber der Welt auf, war Gegenentwurf zur Gegenwart, Einspruch gegen den Status quo, weil es mir eine alternative Wahrnehmung der Welt vorschlug, weil der Zugang zur Wirklichkeit keine absolut gesetzte Subjektivität und Privatheit darstellte, keine subjektive Realität, sondern das zum Denken gezwungene Ich. Nach dem Kino bleiben die Filme, alte und neue, bessere und schlechtere, das ist richtig, aber ohne das, was sie für uns *anders* sein ließ, mehr sein ließ als die Geschichte in ihnen und die Kunst an ihnen. Vom Kino bleiben die Geschichten und die Kunst. Das ist gut, aber nicht genug. Wir haben uns längst damit abgefunden, dass das Kino keine großen Gedanken mehr hat und die Filme mal originelle, mal dekorative Unterhaltung oder Kunst sind, die von Cinéphilie und Feuilleton weitgehend widerspruchslos sekundiert werden, als ob das Ende des Kinos spurlos an den Filmen vorüber zöge. Sicherlich, wir schauen uns weiterhin Filme an, im Fernsehen, auf DVD, mehr und mehr im Internet, in Ausstellungen, gelegentlich in Kinos, aber diese unsichtbare und einzigartige Verbindung mit der Zeit, derentwegen wir ins Kino gingen, um uns von einem anderen Leben betrachten zu lassen, stellt sich nur noch selten, an immer weniger Orten ein. Es wird diese Orte geben, an denen eine solche Erfahrung nicht nur vorläufig überdauern kann, sondern sich spontan neu und überaus plausibel artikulieren wird, möglicherweise für andere nach uns, solange der gesellschaftliche Raum Alternativen bietet, solange die Wahrnehmung von Film irgendwo noch einen Zuschlupf in der Zeit gewährt, wo man uns verschont vor Bildung und Ökonomie, vor einer zum nerdigen Bescheidwissen heruntergekommenen Cinéphilie, Kinoverwaltung, Kulturpolitik, Kulturwirtschaft und Kuratorenkritikalität, uns einfach vergisst. Die Nische, sagt Diedrich Diederichsen auf den letzten Seiten seines Pop-Buches, garantiert ja nicht allein eine staats- und autoritätsferne Existenz, sondern auch, dass alternative Vorstellungen und kulturelle Entwicklungen noch entstehen können. Diese Orte, an denen man uns in Ruhe lässt, sind fraglos der Platz für etwas, das war, aber auch der Platz für etwas, das andere nach uns entdecken können, weil es uns nicht gelungen ist, daraus mehr zu machen. Vielleicht lässt erst der Verlust gesellschaftlicher Relevanz Räume entstehen, die noch nicht durch künstlerische Milieus oder kuratorische Originalität entdeckt, noch nicht kulturwirtschaftlich erschlossen und akademisch durchexerziert sind, keine verordnete Erlebnistiefe, kein Versprechen auf Authentizität und Identität also, Räume, die keineswegs subversiv wirken, aber Denken zulassen gegenüber einer entfesselten Kulturindustrie. Widerständisch womöglich ist höchstens die Infamie, Bildung und Relevanz zu ignorieren, und einen Moment lang allein sein zu wollen, individuelle Kognition gegen totale Subjektivität, Ratlosigkeit des entronnenen Einzelnen gegenüber gesellschaftlichem Kreativitätsdiktat und kulturwirtschaftlicher Zwangskollektivierung.

Vielleicht sollte man weniger Filme besser zeigen, zumindest solange man auch daraus keinen Glaubenssatz macht. Robert Bresson träumte von einem kleinen Saal in Paris, in dem im Jahr nur zwei Filme zu sehen wären; eine ebenso traurige wie versöhnliche Vorstellung. Den Rest betrachtet man besser im Internet zur Information. Nichts spricht dagegen, Filme unter allen Umständen, auch ohne Kino zu sehen. Vieles spricht dafür, dies nicht ausschließlich zu tun. Wir sind also alt genug, um die Erfahrung einer alternativen Wahrnehmungsform des Kinos noch zu kennen, und jung genug, sie wieder und neu zu entdecken und zu gestalten. Für denjenigen, der ins Kino geht, also in der Zeit und einer *anderen* Welt verloren ist, leidenschaftlich, aber nicht sentimental, wird das Kino nicht nostalgisch. Der Garten des Raumschiffs in Douglas Trumbulls SILENT RUNNING (1972), der von einem Roboter weiter gepflegt wird, nachdem der letzte Mensch verschwunden ist, wird am Ende des Films eine hell erleuchtete, sich entfernende Fläche im Dunkel des Weltraums, er stellt diesen Denkraum dar: die Suspension von Subjektivität durch den Apparat in einer ungedachten Wirklichkeit, die Fiktion einer Welt ohne uns.

ÜBER DEN AUTOR

Geboren 1965 in Kaiserslautern. Während der Schulzeit erste journalistische Arbeiten und Mitarbeit in einem Filmclub. Danach Studium der Literatur- und Theaterwissenschaften sowie Philosophie an der Freien Universität Berlin. Promotion bei Karsten Witte und Winfried Menninghaus mit einer Studie über die französische Schriftstellerin und Filmemacherin Marguerite Duras, die als Buch unter dem Titel *Das ortlose Kino. Über Marguerite Duras* (2001) erschienen ist. 1996/97 Geschäftsführer des Europäischen Dokumentarfilm Instituts in Mülheim an der Ruhr, dort Gründung und Redaktion der Buchreihe *Texte zum Dokumentarfilm*. Seit 1997 Leiter der Internationalen Kurzfilmtage Oberhausen. Zahlreiche Kritiken, Essays und Vorträge zu Film, Fotografie und kulturpolitischen Themen. Verschiedene Lehraufträge zu Film und Kulturmanagement. Mitherausgeber des Bandes *Provokation der Wirklichkeit. Das Oberhausener Manifest und die Folgen* (2012).

Die Deutsche Nationalbibliothek verzeichnet diese Publikation in der Deutschen Nationalbibliografie; detaillierte bibliografische Daten sind im Internet über http://dnb.d-nb.de abrufbar.

Fotografien Einband:
Éden Théâtre, La Ciotat, Frankreich, September 2011 (© Lars Henrik Gass)

Gestaltung und Satz:
Studio Carmen Strzelecki

Lektorat:
Jan-Frederik Bandel

Druck und Bindung:
Warlich Druck, Köln

Printed in Germany

Die erste Ausgabe ist 2012 bei Philo Fine Arts (Hamburg) erschienen.

Erschienen bei Strzelecki*Books*, Köln
www.strzelecki-books.com

ISBN: 978-3-946770-17-6